自驱学习，
松弛成长

韦利◎著

中国铁道出版社有限公司
CHINA RAILWAY PUBLISHING HOUSE CO., LTD.

图书在版编目（CIP）数据

自驱学习，松弛成长 / 韦利著. -- 北京：中国铁道出版社有限公司，2025.3. -- ISBN 978-7-113-31499-6

Ⅰ. G78

中国国家版本馆 CIP 数据核字第 2024YA8981 号

书　　名：	自驱学习，松弛成长
	ZIQU XUEXI，SONGCHI CHENGZHANG
作　　者：	韦　利

责任编辑：	巨　凤	编辑部电话：（010）83545974	
封面设计：	仙　境		
责任校对：	苗　丹		
责任印制：	赵星辰		

出版发行：	中国铁道出版社有限公司（100054，北京市西城区右安门西街 8 号）
印　　刷：	天津嘉恒印务有限公司
版　　次：	2025 年 3 月第 1 版　2025 年 3 月第 1 次印刷
开　　本：	880 mm×1 230 mm　1/32　印张：6.25　字数：110 千
书　　号：	ISBN 978-7-113-31499-6
定　　价：	59.00 元

版权所有　侵权必究

凡购买铁道版图书，如有印制质量问题，请与本社读者服务部联系调换。
联系电话：（010）51873174，打击盗版举报电话：（010）63549461

序　言

作为一名拥有十三年一线教学经验的教师和心理顾问，我在工作期间接触了许多"问题"孩子，他们当中有不少孩子的父母超级负责任。

前几天，有位父亲向我倾诉："如今培养孩子真是让人感到疲惫不堪，我甚至放弃了自己的个人爱好和事业，全心全意地照顾他，但效果却不尽如人意。我让他帮妈妈晾一下衣服，他不情愿；催他去做作业，他抵触；提议学点兴趣爱好，他没兴趣；建议跳绳提升体能，他也不愿意。"

有些孩子确实就是这样一个状态，他们不愿意学习，更不会主动学习，这让每天与他们"斗智斗勇"的父母感到心力交瘁。然而，也有一些孩子学习轻松自如，无须父母过度操心，父母也没有耽误事业，孩子和父母在人生的道路上实现了双向成全。

这两种孩子之间的差异显而易见。前者是被父母推着走的,父母需要不停地提醒他们做各种事情,比如提醒带好第二天上课的书、不要忘记写作业、该锻炼该换衣……劳心劳力,但结果往往并不如人意。这种提醒催促式的教育方法,就像是推着车行驶,虽然能动,但绝不可能疾驰起来。而后者则不同,他们的内驱力被点燃了,就像汽车行驶靠的是自己的发动机,自然能够飞驰起来。

我从南京师范大学毕业后,考取了中国人民大学应用心理学硕士,一直在寻找对孩子最合适的教育方式。在大学期间,我研读了夸美纽斯、维果茨基、马卡连柯、苏霍姆林斯基、卢梭、杜威等的教育学、心理学著作;工作期间研读了阿德勒、荣格、马斯洛、弗洛伊德、雷夫艾斯奎斯、福禄贝尔等的教学理论与方法;有了孩子后,又继续研读了一些国内外知名教育经典著作。这么多年的学习和研究,让我深刻认识到正确的教育,是为了省去之后的再教育。选择何种教育方式,选择如何培养孩子,其实是给孩子选择一种更好的生活方式。

回到我们开始提到的案例,为什么有些孩子得靠父母来推,而有些孩子则不用父母来推?其核心就是,不需要父母来推的孩子,他们自身拥有内驱力。也就是说,只有让孩子

序 言

拥有内驱力,让汽车的发动机运转起来,才能更接近优秀的人生。

要使孩子拥有内驱力,首先我们得提升认知,了解内驱力到底是怎么回事,哪些因素影响着内驱力的激发。基于此,我们应该怎么办。

在这本书中,我将从源头剖析,结合自身对孩子的观察和养育感受,遵循第一性原理,从底层人性出发,并从以下几个方面进行讲解:帮孩子找到自驱力发展的土壤,改变孩子做事的体验,培养孩子的责任感,唤醒孩子的使命感,让孩子承受适当的社会压力,助力孩子内驱力发展。通过理论与实际操作案例的结合,我相信能给予父母有效的指导。

最后,我要特别感谢我的婆婆,她在日常生活中承担了很多家务,并接送孩子上下学,让我有更好的状态和更多的时间来阅读、思考和写作;感谢我的公公做好了后勤保障工作;感谢我的爱人支持我做自己感兴趣的事;感谢我的父母在休假的时候能帮忙照顾孩子;感谢朋友们对我的鼓励;感谢领导和同事对我这本书出版的支持。

目 录

第1章 了解底层逻辑,建立内驱力 …………………… 001

1.1 一个人的成长曲线 …………………………… 001

1.2 什么在决定你的内驱动力 …………………… 004

1.3 在孩子成长过程中的正向观念 ……………… 009

1.4 影响内驱力的神秘信息 ……………………… 012

1.5 父母如何反馈,塑造了孩子的内驱力 ……… 017

第2章 松弛自由的环境,是自驱力生长的土壤 ……… 022

2.1 孩子需要松弛温暖的环境来休养生息 ……… 022

2.2 从容不迫地与孩子度过一段时光 …………… 026

2.3 给出信任,允许孩子"什么都不做" ………… 028

2.4 有规则,才能享有自由 ……………………… 030

2.5 在自由下成长的孩子,才能真自律 ………… 032

2.6 孩子拥有吃饭的自由,他才能自主进食 …… 037

2.7 让孩子自由选择书籍,他才能拥有阅读
内驱力 ………………………………………… 041

2.8 接纳孩子的天性和局限,孩子才能更有
力量 ………………………………………… 043

第3章 快乐的体验感是对孩子的最佳反馈 ………… 047

3.1 保护好孩子的自尊,让孩子拥有良好的自我
感觉 ………………………………………… 047

3.2 正确的语言表达爱,让孩子更自律 ………… 051

3.3 正确的夸夸法,夸出孩子干劲 ……………… 057

3.4 设定稍微超过孩子现有能力的目标,让孩子
跳一跳 ……………………………………… 059

3.5 降低他控,增加孩子对生活的控制感 ……… 061

3.6 改变归因方式,孩子更自主 ………………… 065

3.7 把指令式任务改为授权式任务,激发孩子
积极性 ……………………………………… 067

3.8 启发式的提问,塑造积极的思维方式 ……… 069

目录

第4章 责任感是内驱力的第二股力量 ………… 076
- 4.1 孩子本应是他自己的主人 ………… 076
- 4.2 三条原则,提升孩子责任感 ………… 078
- 4.3 孩子没有自理能力?试试培养边界感 ……… 083
- 4.4 孩子总是给你甩烂摊子?让他承受自然结果 ………… 085
- 4.5 运用自由选择法,让孩子自己管理自己 …… 089
- 4.6 好的养育方式,可以培养积极向上的孩子 … 092
- 4.7 尊重孩子的想法和选择,才能培养他的责任感 ………… 094

第5章 唤醒孩子的使命感,他的能量将不可限量 …… 099
- 5.1 为什么要去上学 ………… 099
- 5.2 养志,激发其梦想 ………… 102
- 5.3 借由热忱,找出使命感 ………… 109
- 5.4 借由使命感,助力孩子稳定情绪 ………… 113
- 5.5 用美好愿景,升华努力的深层意义 ………… 123
- 5.6 信任孩子——激发良善举动的法宝 ………… 125
- 5.7 慎用惩罚,让孩子为正确的理由去做事情 … 127
- 5.8 使命感与生俱来,鼓励孩子自己解决问题 … 129

第 6 章　社会压力推着孩子往前跑 ········ 133
6.1　从底层人性,保护孩子的内驱力 ········ 133
6.2　最佳的压力,最佳的水平 ········ 144
6.3　利用春节,在亲朋好友面前给孩子戴"高帽子" ········ 147
6.4　增加成功体验,让孩子觉得"我能行" ········ 153
6.5　社会压力要适度,孩子才能更健康 ········ 155
6.6　运用"两面法",助力孩子做成事 ········ 158
6.7　游戏不是瞎玩,孩子在游戏中进行社会化 ··· 161

第 7 章　走出养育误区,助力孩子的内驱力 ········ 165
7.1　教养孩子前要先做到尊重孩子 ········ 165
7.2　太早上早教班,会破坏孩子的探索能力 ······ 170
7.3　"都是为你好"的外衣 ········ 173
7.4　评价性表扬 VS 描述性肯定 ········ 175
7.5　孩子需要为自己而玩 ········ 179
7.6　刻意制造挫折,会让孩子退缩 ········ 183
7.7　让孩子一味服从,会扼杀孩子的精神生命力 ··· 187

第 1 章

了解底层逻辑,建立内驱力

1.1 一个人的成长曲线

我住的小区里有个叫浪浪的小男孩,比我的儿子君君(六岁)大半岁。他四岁的时候就能独自下楼玩耍,甚至还被他的妈妈允许独自穿过马路。

浪浪妈妈有一次跟我说:"早上浪浪即使睡到 7:40 也没关系,他可以在 7:40 起床,然后自己穿衣服,到了 7:50 就能出门,我完全不用催促他。"

我问:"那他洗澡呢?"

浪浪妈妈说:"浪浪自己洗澡,随便他怎么洗,我不管。"

浪浪的这种自主能力真是令很多父母羡慕万分。

后来再和浪浪妈妈聊天,我才窥到她的养育秘诀是慢养。

> 在我们家,君君洗澡是他爸爸负责的。有时候洗澡,君君会"鬼哭狼嚎",他觉得爸爸把水弄得太烫,而爸爸坚持说不烫;或者君君还想再玩一会儿水,爸爸却想要把他拎出浴缸。
>
> 我早就期待着君君能自己洗澡,于是问浪浪妈妈:"浪浪好厉害呀,这么小的孩子,就能自己洗澡了!"
>
> 浪浪妈妈说:"其实,我们家浪浪很早就自己洗澡了。一开始他在小盆子里面洗,后来那个小盆子坏了。我就跟浪浪说:'我们把这个小盆子当作废品去卖掉,然后买个棒棒糖,好不好?'浪浪说:'好的。'我又说:'那没有小盆子,怎么办啊?'浪浪说:'那就淋浴吧。'刚开始洗淋浴的时候,他能在里面玩半个多小时,我就把浴室内的热风打开,随他玩,等他玩够了,洗澡的速度就快了。浪浪早上起床上学也是一样的。早晨,浪浪喜欢在床上赖一会儿,我也不催他,等他充分满足了,接下来就会加快速度。"

浪浪妈妈很巧妙地让孩子把盆浴改成了淋浴。她带着商量的语气让浪浪自己作出了决定。<u>通常,孩子会更愿意遵</u>

守自己做出的决定。

浪浪妈妈任由浪浪在小区内玩耍,她自己在楼上烧饭做菜,很多妈妈们不理解,认为"浪浪妈妈心大,万一孩子跑到汽车道上怎么办?小孩子又不懂"。

我一开始也不是很理解,后来跟浪浪妈妈聊完后才知道,原来浪浪爸爸每天工作很辛苦,很晚才回家。浪浪妈妈一个人既承担了家务,又照顾浪浪,甚是辛苦。于是,浪浪妈妈就给浪浪提出了要求,划定了可以自由活动的范围——在楼下人车分流的非机动车道和楼下游乐场,以便浪浪可以在她做晚饭的时候出去玩一会儿。如果浪浪被发现超过了这个区域,那以后就不能独自下楼。浪浪妈妈刚开始也有些不放心,偷偷观察过浪浪几次后,发现他遵守得很好,这才放下心来。

她们互相信任,亲子关系也非常好。浪浪妈妈给了孩子充分的尊重和信任,而且也给了孩子一定规则下的自由,这让浪浪的部分潜能得到充分发展,在同龄孩子中也成长得更快。

生命的早期,成长起来一定是慢的。父母在孩子生命的早期应该充满尊重地耐心陪伴孩子,允许孩子按照自己的节奏成长,在成长过程中允许孩子"出错",只要确保不会造成严重后果,就让孩子去经历体验,让其承受自然结果,要相信孩子能够凭借自己的能力解决问题。一旦成功,孩子收获的不仅是成功的喜悦,还有他的自主能力。这种良性体验持续下去,就能形成自驱力。生命早期的慢成长,能为生命后期的拔节成长奠定深厚的根基。

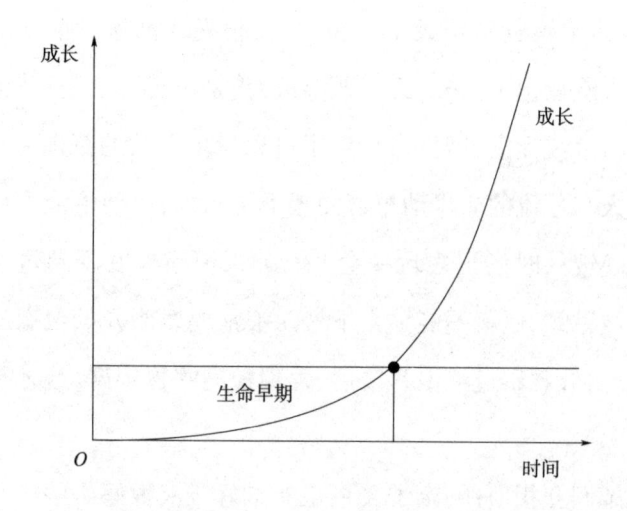

1.2 什么在决定你的内驱动力

一天早上,我和一位同事一起吃早餐。我这个同事的儿子刚考上清华,我们都称呼他为"清华爸爸"。

清华爸爸说:"我的孩子我没教过他,是他自己爱学。"

我说:"是的,好孩子都不是教出来的。"

清华爸爸说:"对,在于激发,你要激发他。"

我说:"对,教育在于激发,而不是在于传授。"(他真是掌握了教育的真谛。两千多年前,苏格拉底就发现,人们在教育中最容易犯的错误是灌输,错把学生当作容器,不停地对学生进行片面说教,而不是激发学生学习的热情。对此,苏格拉底给出了一个绝妙的比喻——教育是把火炬点燃,而不是把容器灌满。)

清华爸爸说:"小韦,你儿子今年要上一年级了吧?"

我说:"嗯,到时候还要向您请教呢。我儿子现在啥都没学过,不过就是酷爱踢足球。"

清华爸爸说:"踢足球好啊。"

我说:"关键是怎么激发他呢?"

清华爸爸说:"得根据孩子的特点来,我孩子小学毕业考上了'苏州中学伟长实验班',初三考入'苏州中学匡亚明班'。他进去后发现这个班竞赛比较多,他更擅长的是文科,于是主动提出退出竞赛。我们无条件支持他。"

我一直认为,人都是天然具有内驱力的,正如这位清华爸爸说的,要激发孩子学习的热情,让孩子把内驱力释放出来,那首先得了解内驱力到底是怎么回事,哪些因素影响着内驱力的激发。

美国心理学家亚伯拉罕·马斯洛于1943年在《人类激励理论》这篇论文中提出需求层次理论,把需求依次由较低层次到较高层次排列,分成生理需求、安全需求、归属与爱的需求、尊重的需求和自我实现的需求五类。

其基本观点是:

①五种需求是最基本的、与生俱来的,它们构成不同的等级或水平,并成为激励和指引个体行为的力量。

②低级需求和高级需求的关系:马斯洛认为需求层次越低,力量越大,潜力越大。随着需求层次的提升,需求的力量会相应减弱。在高级需求出现之前,必须先满足低级需求。从动物进化到人类的过程中,高级需求出现得相对较晚。例如,婴儿有生理需求和安全需求,但自我实现的需求只有在成年后才会出现;所有生物都需要食物和水分,然而只有人类才有自我实现的需求。

③低级需求与个体的生存直接相关,也被称为缺失需求。当这种需求得不到满足时,会直接关系到生命安危;而

高级需求并非维持个体生存所绝对必需的,但满足这类需求可以使人更加健康、长寿、精力旺盛,因此被称为生长需求。相较于低级需求,高级需求更为复杂,其满足必须依赖于良好的外部条件,包括社会、经济和政治条件等。

④马斯洛洞察到了低级需求和高级需求的区别,并在后续澄清:需求的满足并非"全有或全无"的现象。他承认,之前的表述可能给人留下了"错误的印象,即在下一个需求出现之前,必须百分之百地满足前一个需求"。实际上,在人类的高级需求产生之前,低级需求只需要得到部分满足就可以了。例如,有些人为了实现自己的理想,甚至不惜牺牲生命,不考虑生理和安全需求。

⑤个体对需求的追求各不相同,有些人对自尊的需求甚至超过了对爱和归属的需求。

根据马斯洛的需求层次理论,每种需求都可以成为一种驱动力。需求层次越低,其驱动力越大;而随着层次的提升,驱动力会逐渐减弱。这也解释了为什么来自贫寒家庭的孩子往往早熟、学习特别努力且自律。他们迫切希望通过改善物质条件来满足底层的衣食住行和安全等需求,而这些底层需求的驱动力是非常大的。如果是中产阶层的孩子,他们的生理和安全需求通常得到了满足。那么,父母可能需要解决的问题就是让孩子理解读书的意义,或者激发孩子对学习的热爱。

　　人的终极目标是实现自我价值,成为真正的自己。那么,孩子如何才能成为真正的自己,敢于追求自己的梦想呢?这就需要父母将自己的人生与孩子的人生分开看待,尽力为孩子创造一个安全、理想的成长环境,让孩子自由探索,尊重孩子的个人意愿,并给予他们无条件的爱。这样,孩子才会有勇气做真正的自己,一个勇于追求自我的孩子,其生命的能量将得到充分释放。

　　那么,究竟是什么在激发孩子的内驱力呢?我认为是他们当前的需求。我们需要敏锐地察觉孩子当前的需求是什么,并尽力为孩子创造满足这些需求的条件。

　　影响内驱力的因素有哪些呢?

　　第一个因素是感受。当孩子在做事情时,他的感受是愉悦和满足的,这将激发他的内驱力。在孩子幼年时期,我们需要保护好孩子的学习兴趣,确保他在尝试学习时有良好的感受。

　　第二个因素是使命感。拥有使命感的孩子会展现出非凡的生命力和动力。以马斯克为例,他声称自己所有的财富都是为一个使命服务的——使人类成为多星球居住的物种。这种强烈的使命感激励着他疯狂地工作。

　　第三个因素是责任心。父母需要设定明确的界限,将孩子生命的主导权交还给孩子,从而培养他们的责任心。

第四个因素是适度的社会压力。适度的社会压力可以促使孩子更加努力地追求目标,进而激发他们的内驱力。

如果父母能够巧妙地结合这四个因素,孩子将会拥有强大的自驱力。

1.3 在孩子成长过程中的正向观念

知识会更新,教育方法也会迭代,拨开这些表象,直达本质的就是我们的理念。在迫切想要养育好孩子的过程中,我们需要一些正向的观念。

1. 错误是学习的机会

孩子的心智成长需要"错误"这一养料。只有犯过一些必要的"错误",孩子才能逐步学会如何正确行事。我们应该将错误视为人生中不可或缺的重要经历,同时也是一个有趣且宝贵的学习机会。每当犯错时,我们可以欣然地对孩子说:"太棒了,我们又获得了一个学习的机会!"这样的心态会让我们的生活更加轻松有趣。

如果我们能将这种观念传递给孩子,那么孩子在面对错误时,就不会再有沉重的精神负担,这难道不是很好吗?

作家富永雄辅在他的著作中曾提到"那些成功考入名校的孩子通常都经历了这样一个过程:思考如何取胜—经历失败—探索其他方法—获得成功—建立自信"。如果孩子能从根本上不把错误和失败看得太重,他们的心态将会更加积极,也更容易取得不错的成就。

2. 专注力大于时间

专注学习5分钟的效果往往胜过心不在焉地学习一个小时。有了这样的认识,我们在孩子小时候时就不必过分关注他们的学习时间。

我们应努力培养孩子"专注做事"的习惯,这对孩子的成长至关重要。如果孩子的注意力经常被打断,会让他们对当前所做的事情产生挫败感,同时剥夺了他们因专注而产生的愉悦的心理体验。良好的感受是持续专注和内驱力产生的源泉,因此打断一个正在专注做事的孩子,对其主体性的发展有着极大的影响。

此外,充满争吵的家庭使孩子心神不宁,情绪上产生大量内耗,导致专注力下降。即使孩子长时间坐在书桌前,也可能无法有效学习。和谐的家庭和人际关系能够给孩子带来宁静的心境,从而提升专注力,孩子也能将更多精力投入到自我成长上。

3. 越是成长快的孩子越需要休息

即便日常生活很有规律且充实,周末时也应赋予孩子睡懒觉的权利,让他们能悠闲地度过。若周末需要孩子学习技能,最好将课程集中在一天,确保孩子至少有一天的完全放松时间。虽然某项技能的学习可能仅需一小时,但交通往返时间以及学习技能所带来的压力,都远超这一小时的时间成本。此外,关于技能学习的选择应咨询孩子的意见,与孩子商议后决定。

4. 我们必须接纳每个孩子的独特性

成长的自由不仅涵盖行动、探索和意愿的自由,更包括"做自己"的自由。唯有允许孩子"做自己",才能充分激发他们的潜能,催生出自我驱动力。我们应尊重孩子的需求与个性差异,为他们提供必要的支持和帮助。

5. 育儿即育己

在孩子成长的过程中,我们需要不断更新自己的认知。只有先教育好自己,才能更好地教育孩子。孩子的所有行为问题与父母的养育方式息息相关。养育方式一般可分为三种:第一种,父母既懂教育又有责任心,他们的孩子最容易获得成功;第二种,父母虽不懂教育,但有自知之明,选择不干涉,充分信任孩子的内在力量,支持孩子自由发展;第三种,父母既不懂教育又缺乏自知之明,责任感过强,过度干预孩子的学习。这三种养育方式中,第三种是对孩子最不好的。所以,父母需要修炼内心,更新自己的观念,突破自我,从根本上改善孩子的行为问题。

1.4 影响内驱力的神秘信息

放手给孩子生活、探索、学习的自由,不指点、不纠正孩子,这对有些父母来说尤为困难。比如,当孩子与其他孩子发生冲突,玩具被抢时,父母如果立刻冲过去教育对方,这实际上是在告诉孩子"你不行,得靠我!"这样,以后孩子再遇到问题,肯定会直接等着父母来解决。

有的父母会在孩子专注地进行某项活动时,如搭建模型时,时不时地给出评判。其实,这时如果你静静地看书,不打扰孩子,让孩子知道专注于做事的行为是被接纳的,这样,他就可以专注于眼前的事情,而不用花费心思去揣摩父母的反应,从而大大减少内心的消耗。

父母是孩子教育的主要责任人,因此父母的修养非常重要:

第一,亲自带孩子,并给予他们充分的陪伴。

无论教育理念多么先进,如果缺乏陪伴都会显得很空洞。在孩子年幼时,父母与孩子的亲子时光对孩子未来人格的发展具有深远影响,尤其是在孩子成长的前六年,他们对父母的依赖特别强。因此,父母有必要调整工作和生活中可能产生冲突的部分。如果时间确实紧张,怎么办呢?一是可以提高工作效率,二是调整生活形态,以便腾出更多时间陪伴孩子。

陪伴孩子时,可以倾听他们的话语,与他们聊天,一起烹饪美食,共同参与有趣的活动,以及在他们想要外出时陪伴他们。在陪伴孩子的过程中,父母应专注于扮演父母的角色,确保孩子生活得舒适。

第二,要充分尊重孩子。

尊重孩子的个性和起点,而非强制孩子按照父母的规划去生活。在学习方面,应尊重孩子自身的学习节奏,保护他们对学习的自然兴趣,避免强制灌输各种知识和技能。在孩子六岁之前,应避免做任何可能损害他们学习兴趣的事情。

如果我们能从孩子降临的第一天开始,就做好面对一个独立个体的准备,尊重孩子每个神态动作背后所代表的意义,并愿意去理解和配合他,让孩子能够自由地发展自己,那么我们就需要将养育的轨道切换到尊重孩子自身发展规律的轨道上来。

珍妮·古道尔(Jane Goodall,1934年4月3日—),英国杰出的生物学家、动物行为学家、人类学家及著名的动物保育人士。

1934年4月3日,珍妮·古道尔(以下简称珍妮)诞生于英国伦敦。自幼年起,她便对自然界、动物及其行为怀揣着浓厚的兴趣。1952年,她结束了学生生涯。从学校毕业后,珍妮·古道尔尝试过多种职业,如秘书、电影制片助理等。

1957年,怀揣着对动物研究的深切愿望,珍妮踏上了东非肯尼亚的土地。在那里,她有幸遇到了当时声名显赫的人类学家李奇。李奇向珍妮提供了一份旨在揭示原始人类行为模式的灵长类动物研究计划。

1960年,时年26岁的珍妮在接受了李奇的野外技能考查后,携同母亲一同前往坦桑尼亚坦噶尼喀湖畔的贡贝溪国家公园,展开了针对黑猩猩的深入研究计划。珍妮长期致力于黑猩猩的野外研究,并取得了丰硕的成果。

她的研究工作纠正了学术界对黑猩猩这一物种长期存在的诸多误解,揭示了黑猩猩社群中众多鲜为人知的秘密。例如,她发现黑猩猩并非素食性动物,而是偏爱肉食;它们拥有丰富的情感世界,每天都会花费三小时的时间互相梳理毛发以联络感情。此外,珍妮还观察到黑猩猩会使用树枝从蚁窝中蘸取白蚁来食用。这一发现——世界上并非只有人类能够制造工具——震惊了全世界,也引发了越来越多人对黑猩猩的关注。

值得注意的是,当珍妮前往冈比进行考察时,她甚至还没有获得大学学位。然而,她拥有一位与众不同的母亲,这位母亲充分理解并支持着她的女儿。

在珍妮四岁半时,她曾到外祖父的农场做客。为了探究鸡身上何处有大洞能让蛋生出来,她躲在鸡窝里屏息凝神地观察了整整四个小时,终于目睹了母鸡下蛋的过程。当时,母亲以为她失踪了,焦急万分地报了警,所有人都心急如焚地寻找她。然而,当珍妮捧着还带着热气的鸡蛋出现在母亲面前时,母亲看到她眼中闪烁的兴奋光芒,没有责备她,而是坐下来聆听珍妮讲述她观察鸡如何生蛋的美妙故事。

珍妮在关于自己的纪录片中谈道:"我认为我母亲身上最可贵的品质是,她善于倾听、客观公正、从不轻易发脾气,她始终支持我对动物的热爱。"

珍妮表示,她会永远铭记这件事情,因为它见证了一个小科学家的诞生:从好奇心驱使下的提问,到未得到正确答案便亲自去寻找答案的过程;从犯错到不放弃并学会耐心的历程。那时年仅四岁半的她便拥有了这些宝贵的品质,而一位不同类型的母亲可能会摧毁这些品质。

在珍妮的自传中,她写道:"八岁时,我告诉妈妈我要去非洲与动物为伴。妈妈并没有像其他人那样说'你像个女孩子一点'或'你的梦想不切实际'这样的话来打击我,反而鼓励我说,'只要你努力,就会实现自己的梦想。'我的自尊和自信就是这样被培养出来的。"

当李奇寻找一个愿意前往冈比原始森林考察黑猩猩的人选时,那些接受过高等教育的人都觉得这个任务太过艰辛而不愿接受。这时,珍妮挺身而出接受了这个工作。然而,当时一个女孩独自住在非洲野外是极度不安全的。因此,研究机构要求珍妮必须带一个人做伴。于是,珍妮的母亲毅然放下手头的事情,陪伴珍妮前往原始森林帮助她适应那里的环境和条件。

看完珍妮·古道尔的妈妈为女儿做的一切,我深受感动。每一个成就者背后都有一位伟大的妈妈,这个妈妈无须很高的学历,但一定拥有一流的心性,能给予孩子充分的尊重、理解和支持。

1.5　父母如何反馈，塑造了孩子的内驱力

最近，火火妈妈邀请我和浪浪妈妈带着孩子去她家吃晚饭。一到她家，我环顾四周，发现火火家简直就是一个锻炼和学习并重的家庭：门后贴了篮筐，门框上装有吊环，书架里摆满了学习的书籍。

吃晚饭的时候，火火妈妈跟我们说："家里买了这么多书，火火从来不知道要主动拿出来学习。就拿简单的笔控练习来说，火火也不愿意。"

她还说："火火经常不分缘由地打人，即使该讲的道理都讲了，火火还是会打人。有一次，我甚至把火火推出家门来威胁他，说下次再打人就不要他了。"

晚饭后，三个孩子玩了起来。他们一会儿在沙发上玩儿闹，把毯子盖在头上做小房子，一会儿在床上蹦来蹦去。火火妈妈看到后，多次制止他们的行为。在玩儿的过程中，火火和浪浪吵了起来，火火妈妈看到后连忙去劝架，可是不一会儿他们就又吵了起来。

我们那天晚上在火火妈妈家一共待了三个小时，这三个

小时里面她对火火做出的指令有以下七条:

(1)火火想脱掉外裤玩儿,火火妈妈制止了。

(2)火火想吃个棒棒糖,火火妈妈不同意。

(3)火火想和其他小伙伴玩儿捆绑游戏,火火妈妈制止了。

(4)火火与浪浪吵架,大声发泄情绪,火火妈妈制止了。

(5)火火想进房间去床上玩,火火妈妈说不可以,大家都在客厅。

(6)火火把小鹦鹉笼子从室外拿到室内和小伙伴们一起玩儿,火火妈妈把鹦鹉笼子拿走了,放在了孩子够不到的地方。因为火火妈妈觉得小鹦鹉可能会逃出来。

(7)火火因为与浪浪发生矛盾,很生气地说:"你们以后再也不要到我家里来了。"火火妈妈直接冲过去把火火教育了一番。

我对火火妈妈说:"你统计过一天你给火火发出了多少个指令吗?"

火火妈妈说:"我就是受不了他这个样子。"

<u>有时候,没有边界感、逻辑不清的指令,要求孩子顺从,是一切心理问题的源头。</u>

我有个很要好的朋友,她说她老公总是会曲解婆婆的

话。明明婆婆说的是很简单明了的话,她作为一个从没经历过他们俩所说事情的局外人都能听懂,可她老公就是听不明白,绕来绕去,让婆婆感到非常抓狂,于是婆婆就不再与老公谈论此事,自己去解决了。

有一个阶段,她与老公的关系很不好,老公也出现了这种似乎听不懂她话的行为,好像他的耳朵出现了问题。但是过了一段时间,他们关系变好了,她老公的这种情况也消失了,也变得耳聪目明了。

我问她:"你的婆婆在家里,是不是一个控制型的'管理者'?"

她说:"是的,我婆婆喜欢安排好一切,然后叮嘱其他人按照她的要求做。我的公公听力也有障碍,也经常会听不清婆婆说的话,很明白的事情公公就是听不懂,气得婆婆索性自己处理家事。"

这种指令式的管理者父母,消耗着周围人的精力,要求别人得按照她的意思活,这一定会激起被管理者的强烈抵触。其最终表现就是不听婆婆的话,甚至会去抵制那些对自己有益的建议,以获得对自己人生的掌控感。

还有一种严重的表现就是躯体化,具体体现为听力障碍,似乎总是听不清指令者的话语,或者表现为大脑理解障碍,宁愿装作身体有残缺听不见,也不愿意接受指令者的倾诉或者要求。这其实是一种被长期精神控制以后的自我保护机制。

改善的方式就是指令者要注意边界,不要侵犯孩子的边界。抚养者更多地应该扮演顾问的角色,而非管理者的角色,即平等尊重、边界清晰。说通俗一点,就是我提供建议,但是决定得由孩子自己来做。

扮演管理者角色的父母凌驾于孩子之上,他们传达的信息是"你得听我的"。这种态度会严重损害亲子关系,并压抑孩子的活力。孩子遵从父母的意愿,父母则试图通过孩子实现自己的期望和意志。如果这样的父母成功地将自己的意志强加给孩子,他们可能会显得心满意足,但孩子却会因为生命力被压制而变得消沉,并对他们产生怨恨。

这样的孩子情绪往往不稳定,遇到不如意的事情,就会表现出极度的愤怒。如果你希望你的孩子充满活力、情绪平和,那么你一定要注意自己与孩子之间的边界。

正如纪伯伦的诗《致孩子》中所说的那样:"你的孩子,其实不是你的孩子。他们是生命对于自身渴望而诞生的孩子。他们借助你来到这个世界,却并非因你而来。他们在你身边,却并不属于你。"

致孩子
纪伯伦

你的孩子,其实不是你的孩子,
他们是生命对于自身渴望而诞生的孩子,
他们通过你来到这世界,却非因你而来,
他们在你身边,却并不属于你。
你可以给予他们的是你的爱,却不是你的想法,
因为他们自己有自己的思想。
你可以庇护的是他们的身体,却不是他们的灵魂,
因为他们的灵魂属于明天,属于你做梦也无法达到的明天。
你可以拼尽全力,变得像他们一样,
却不要让他们变得和你一样,
因为生命不会倒退,也不可能在过去停留。
你是弓,你的孩子是弦上即将发出的生命箭矢。
弓箭手望着未来之路上的箭靶,
用尽力气将你拉开,使箭射得又快又远。
你们怀着愉悦的心情,在弓箭手的手里弯曲吧,
因为他爱一路飞翔的箭,也爱无比稳定的弓。

第 2 章

松弛自由的环境,是自驱力生长的土壤

2.1　孩子需要松弛温暖的环境来休养生息

孩子需要一个充满安全感的环境,这个环境应该是轻松的,没有评判和压力的。

> 我曾经教过一个被誉为"钢琴王子"的学生。当我与他父亲谈论他儿子的钢琴视频时,孩子父亲表现得非常激动,言语中充满了自豪。然而,很快我就在教室里发现了这个孩子的与众不同之处。他几乎一刻都不能安静下来,在一节40分钟的课上,他总是要上两次以上的厕所,而且

> 每次上厕所的时间都特别长。其他同学反映,他其实是在小操场的树林里面玩了一圈才回教室的。排队的时候,他的小身体也经常不在队伍中,即使老师多次提醒,他仍然不能按照要求排在队伍里。这个孩子在学校里的表现与他在弹钢琴时的状态截然不同,仿佛判若两人。

我与孩子的母亲进行了交流,了解到孩子在家的时间都被安排得满满的。他的母亲会督促他学习,写作业时母亲就坐在旁边监督他。做完作业后,他的父亲会监督他练琴,练好琴后奶奶又会监督他洗澡,然后母亲陪伴他睡觉。也就是说,他在家里一点自主的空间都没有,时刻都有一双眼睛盯着他。这样的生活环境可能正是导致他在学校里表现异常的原因。

孩子需要一张一弛的生活节奏,每个孩子都能在一定范围内承受被安排好的压力,但前提是他们有一个舒适的环境可以放松,让他们能彻底做自己,不用担心被呼来喝去。在这样的环境中,他们可以在家里偶尔任性发发脾气,有情绪时可以自由发泄而不被制止或评判。正是有了这种松弛的环境作为后盾,孩子才能更有力量去承受学校中那些被安排好的学习压力。

在有老人带娃的家庭中,经常会发现这样一个现象:当妈妈不在的时候,孩子在老人面前表现得还挺"乖"(这里的"乖"是老人常用的评价词)。然而,当妈妈回来后,孩子却开始哭闹了。这说明对于孩子来说,妈妈应该是一个温暖的后盾,能让他们做自己,释放内心的压力。

总的来说,孩子需要一个温暖且松弛的环境来休养生息。一个得到充分休养的孩子,将会活力四射。而那些优秀的孩子,通常都能在短时间内高度集中注意力,具有高效的学习效率。这正是因为他们有足够的空间和时间去放松和恢复,从而在面对挑战时能够更加专注和有力。

前面,我们提到火火妈妈每天都会为火火安排笔控训练,但火火并不愿意做。这让她非常愤怒,觉得火火就是太懒了。她不允许火火白天躺在沙发上,还抱怨四岁的火火连5以内的算数都不会,每天学一个汉字都记不住。

相比之下,我从来没有在学习上给过君君任何压力或督促。我们订了巧虎学习包,每月都会寄来。当新的学习包寄到后,我只需把书放在桌子上,君君就会迫不及待地让我给他讲里面的内容。他对巧虎学习包中那个充满趣味性的《汉字国王》视频特别感兴趣,总是要看上几遍。因为感兴趣,所以他就学会了。

巧虎学习包中的"周周练"部分，按设计是建议一周内完成即可。然而，君君常常在学习热情高涨的时候，一口气完成两本书和配套玩具的内容，有时甚至还想继续挑战第三本。通常，他只需两天就能把整个月的巧虎学习包内容都学完。如果遇到他不感兴趣的部分，比如想要跳过某些内容直接进入下一章，我也会尊重他的选择，给予他支持和认可。

在"周周练"中，有一个找规律的题目需要贴上贴纸。有时，君君会直接说出规律，而我也就直接翻过这一页，不会强迫他进行贴纸操作。我认为，在学习上，我们应该配合孩子的感受，因为他们是自己学习的主人，最清楚自己的需求和感受。

等到君君上了中班以后，巧虎学习包进行了改版，变成了四本书，更加注重思维和认知的培养。不过，他最喜欢的《汉字国王》配套识字视频却没有了，改成了大人念、孩子贴汉字贴纸的方式。这使得他对认识汉字的兴趣大减，每次翻到贴汉字的环节，他都会直接跳过。我一开始还想引导他贴几张汉字贴纸，但后来想到自己儿时做寒假作业也是先做自己感兴趣的部分，对于不感兴趣的部分总是留到最后。于是，我想，学习的事情还是随他吧，尊重他的选择和兴趣才是最重要的。

2.2 从容不迫地与孩子度过一段时光

父母花费时间从容不迫地与孩子共度时光,对孩子来说非常重要。专注地陪伴孩子,是向孩子表达"我爱你"的一种极其有效的方式。

想象一下,没有电话铃声的打扰,没有其他事情的安排,我们把全部的注意力都放在孩子身上,即使只是去水果店买个西瓜,这样的时光也会变得特别而有意义。

在我踏入社会之后,我更加感激的是父母那些无条件的爱的行为,而不是他们早年对我"望女成凤"的期望。记得我五岁那年,生病发烧,父亲从镇上回来,迫不及待地到处找我,最后在姑妈家找到了我,还给我带回了各种水果。这让我深深感受到,在这个世界上,有人爱我,我并不孤单,我有一个温暖的港湾。

我们需要花点时间,把对孩子的爱用积极的方式表达出来。因为缺爱的孩子没有归属感,很容易产生不良行为。他们因为对获得我们的爱没有信心,所以需要通过一些不良行为来迫使我们回应,从而证明我们是爱他们的。比如,当我们正在与孩子亲子共读时,突然来了一个电话,我们放下手中的事情开始通电话,孩子可能会一直在旁边催促我们,让我们陪他阅读。这其实就是孩子归属感缺失的表现。他们行为背后的信念是:唯有得到我们的关注,让我们围着他们团团转,才能确定我们是爱他们的。

如果父母能够意识到孩子行为背后的需求,可以告诉他们:"我爱你,我随后会陪你阅读的。"或者"我很在乎你,但是我得过一会儿陪伴你。"如果我们能够足够敏感、敏锐地回应孩子的感受,孩子的心绪就会平和下来。有些人天生就能成为好妈妈,是因为她们有着一颗敏锐且能滋养人的心。而更多的人则需要学习,学习如何回应孩子行为背后的感受。

有些父母给予孩子的真爱不够或者陪伴时间很少,他们可能会用物质来填补孩子的空缺。然而,花费大量金钱买现成的穿着华服的布娃娃或者高档模型汽车,并不能在很大程度上增加孩子的幸福感。相比之下,一套可以随意搭建的简陋积木和父母的充足陪伴,才能给孩子带来真正美好的体验。因为孩子的幸福感并不来源于物质的丰富,而是来源于与父母的亲密关系和陪伴的时光。

2.3　给出信任,允许孩子"什么都不做"

教育就是要让孩子成为他自己的样子,允许他们自由地成长和发展。也许他们选择的道路是我们父母完全不熟悉的,但只要我们保持耐心,给予他们信任和支持,他们也能从另一条道路成就自己。

如果我们失去了对孩子的信任,就会不自觉地干涉他们的生活,试图将他们塑造成我们期望的样子。然而,这样的干涉往往出于我们自己的安全感和控制欲,而不是真正为了孩子的成长。通常,这样的做法都会事与愿违。

畅销书作家和神经科学家丹尼尔·莱维廷曾说过,当一个人处于心智漫步的状态时,更有可能激发对事物的深刻洞见。心智漫步,也就是白日梦或分心的时光,对大脑健康有着积极的影响。爱因斯坦曾在意大利度过一年漫无目的的生活,极少参加学术活动,然而一年后,他的相对论却取得了突破性的进展。

我有一个好友,他回忆说,童年时期,他所有的课后时间都被妈妈安排了兴趣班。但现在,他除了对游戏感兴趣外,对其他事物都失去了热情。

孩子需要一些独处闲暇的时光,来深入思考自己内心真正的想法,弄清楚自己到底想如何度过时光,喜欢什么以及究竟想成为什么样的人。而不是由父母全权安排时间,使他们无法自主思考,只能在父母偶尔给予的闲暇中短暂喘息。

如果把孩子所有的业余时间都排得满满当当,他们将在偶尔的闲暇时间里拼命放纵以喘息,而没有精力去思考自己真正想如何度过时光,喜欢什么以及究竟想成为什么样的人。而这些思考对人生的选择至关重要。

我人生的第一个重大抉择就是在孕期的闲暇时间里做出的。在那段闲暇时光里,我深入思考了哪些事情对我来说是最重要的。在精力有限的情况下,我决定将这些精力全部投入到我心爱的学生、我的爱好和我的家庭上。这些改变让我比七年前更加幸福。

我们必须弄清楚自己内心的真正想法,而不是被外力推着走。前者能够滋养我们的内心世界,让我们更加坚定和自信地走向自己的人生道路;而后者则只会消耗我们的精力和热情,让我们感到迷茫和无力。

2.4　有规则，才能享有自由

> 君君很喜欢骑平衡车，每次骑车前他都做好安全措施，像头盔、护膝、护肘等物品都会穿戴整齐。骑行时，我都会陪在他旁边，遇到岔路口，他会主动停下来等我和他一起过路口。而且，他的骑行区域主要是在小区里，这样的安全意识已经深入他的内心，所以我对他骑车时的安全非常放心。

适当的规则能阻挡一些外在的危险性因素，让孩子尽量顺应内在的自然法则成长，拥有更多的自由，从而得到更健康的发展。浪浪因为遵守了与妈妈的规则，所以能在妈妈做饭的时候，自由地在妈妈划定的范围内快乐地玩耍。君君也因为遵守安全规则，收获了许多快乐。

遵守规则，复杂的生活可以被简化。父母不必时时刻刻盯着孩子，管教孩子的成本会大大降低，大人也会更轻松。规则给予了孩子自由，建立了他们内在的秩序感，保护了儿童成长的空间，使孩子获得了安全感，减少了内耗，从而让孩子有更多的空间来发展自己。

第2章 松弛自由的环境,是自驱力生长的土壤

在一个充满安全感的养育环境中,规则是必不可少的。那应该如何建立规则呢?

首先,规则应具有合理性。例如,我们要求孩子与大人一同坐在餐桌旁自己吃饭,不喂饭,这是为了减轻母亲的负担,也是为了让孩子能学会自理,这样的规则是合理的。然而,若规定吃饭时不能抬头、不能说话,相对而言就是不太合理的。

其次,规则需具备确定性。一旦确立,如每晚睡前必须洗漱,就应始终坚持执行,不可随意变动,除非遇到情有可原的突发情况。

最后,要避免给孩子增加抵抗规则的经验。规则应被视为必须执行的,而非可有可无。若孩子不遵守规则,应以严肃而坚定的语气重申规则,并表明期望其立即遵守,未来不再发生类似情况。同时,父母应反思孩子抵制规则的原因,审视自身是否犯错或有所忽略,以便日后避免,确保所定规则有效,为孩子的成长提供一个高效的环境。

有些规则如果孩子多次违反,可以适当地采用惩罚手段。在教育中,我们不提倡惩罚,如果实在不得已,必须用惩罚来管教,可以用以下几种方式:

(1)晚饭吃过后,不许出去玩了。

(2) 如果有零用钱,就停发了。

(3) 不许去同学家。

2.5　在自由下成长的孩子,才能真自律

卢梭曾言:"你尝试过各种各样的教育手段,唯独一种除外,而正是这种唯一的手段能够获得成功,这就是:适度的自由。"人们对自由的定义多种多样,但 A. S. 尼尔的阐释尤为深刻。他认为,自由是在不妨碍他人自由的前提下,做自己想做的事,并由此实现完全的自律。因为做着自己感兴趣的事,所以内心充满动力,自然能够自主和自律。因此,可以说自律是建立在自由之上的,没有自由,便没有自律。

在人的全部财富中,最为宝贵的不是权威,而是自由。一个真正自由的人,只想做他能够做的事,只做他喜欢做的事,这就是我的基本准则。只有将这一条基本准则应用到孩子身上,才能引出各种有关教育的规则。(这段话源自卢梭《爱弥儿》)

弗洛姆曾说:"我所爱的人,我期望他能按照自己的意愿和方式生长和发展,而非为了服务于我的目的。"这意味着,

爱应当给予人自由。一个孩子,只有通过自由的独立探索,才能成为真正的自己。

孙瑞雪在作品中,将自由的表现归纳为五种:

(1)儿童拥有从环境中选择吸引自己事物的自由。

(2)儿童拥有他需要安静时不受干扰的自由(独处的自由,选择空间的自由等)。

(3)儿童拥有自己去发现事物和问题,自己设计并想出解决问题的办法,以及自己得出并选择答案的自由(思想的自由)。

(4)儿童拥有展示自己并展示自己情绪的自由。

(5)儿童拥有凭借自己的意志将他的发现与人交换及分享的自由。

父母与孩子的关系主要可分为两种:一种是自由的关系,即允许孩子按照自己的意愿行事;另一种是强制性关系,即一方强制要求另一方做其不愿意做的事情。过度的管教实际上是在扼杀孩子的精神生命。近些年,抑郁的孩子越来越多,这与管教方式不无关系。

自由意味着孩子可以按照自己内心的决定和计划行事,而不受外界的强制。这两种关系下的孩子的生命状态截然不同。孙瑞雪曾描述过这样一个场景:她曾遇到一个在地里劳作的大学生,他的穿着像个农民。当被问及想做什么时,他回答:"我想学有机农业。"他那双明亮的眼睛打动了孙瑞雪。相比之下,我看到太多被外在压力推着走的孩子,他们的目光无神,被父母或世俗的价值观所驱使,活成了别人的工具。让孩子成为他自己,这样的人生才有意义。

自律的前提是自由。自律有两种:一种是真自律,即在符合儿童天性的氛围中自然形成的自律;另一种是假自律,即父母从小对孩子严加管控,使孩子因惧怕父母权威而表现出的自律。这样的孩子一旦脱离父母的管控,反弹力量会大得惊人。许多在大学沉迷于游戏的学生,就是学生时代被父母管控的假自律者。一个没有机会自我管控的孩子,是不可能学会自我控制的。

孩子的自立意识不是靠管教出来的。那些在军事夏令营中被迫整理东西的孩子,他们的行为并不算是真正的自律。在严格要求的环境中被迫行动,那不叫自律。只有在自由的环境中形成的自律,才具有真正的意义。

如果你的孩子总是频繁发脾气,那很可能是因为父母对他的限制和约束太多了,他缺乏自由。有时候,你对孩子的限制可能是无意识的。

第2章 松弛自由的环境,是自驱力生长的土壤

以火火为例,有一天,他妈妈告诉我:"火火把他外婆的鼠标藏在了沙发后面,就是不让外婆找到。"我说:"为什么呀?"火火妈妈说:"有一次,火火还在睡觉,他外婆觉得差不多该醒了,不能再睡了,就掀了他的被子,但火火还想再睡一会儿。"我明白了,火火觉得外婆干扰了他睡觉的自由,于是他就把外婆的鼠标藏了起来。

有一天晚上,我和火火外婆一起带两个小朋友玩儿。火火想玩儿小滑滑梯,火火外婆对他说:"你看君君在玩儿那个绳子,你去和君君一起玩儿那个绳子。"当火火想把水都装进水枪时,火火外婆又说:"水装一半就行了,你装这么多干吗?"当火火把沙子放在了滑滑梯上时,火火外婆生气地说:"火火,你不要把沙子放在滑滑梯上,你怎么这样子的,以后我再也不带你出来玩了!"后来,火火外婆觉得有点晚了,想带火火回家,便直接说:"火火,差不多了,我们该回家了!"火火不愿意,火火外婆便接着说:"火火,你不听话我就再也不喜欢你了!你妈妈带你也这样吗?你怎么这样子不听话!"

火火外婆的出发点是好的,但说的每一句话在无意识间充满了控制,这也让火火没有了随心所欲玩的自由,也逐

渐影响到了他的脾气和性格。如果你总是在干涉孩子的活动,那你就是在积累孩子的负面情绪。因此,不要轻易对孩子说"不",不要小看你的每一次拒绝,也不要给孩子定太多的规矩。

君君也会发脾气,他的发脾气是被允许的。在玩上,是完全由自己决定怎么玩的。

有一次,我和几个好朋友带着孩子们去水上乐园玩。水上乐园有个滑滑梯,小孩可以顺着水流滑下来。君君先是自己冲上去滑了下来,但因为下面没人接,就掉水里了。第二次滑的时候,他跟我说:"妈妈,你在下面一定要接住我。"我当时看着他从上面滑下来,特别开心,就拿着手机给他录像。他看到我只顾着拿手机,并没有做好接他的准备,虽然他并没有掉落到水里,但他却非常愤怒,大发脾气:"妈妈,我让你接住我,你却没有接!"他边大声哭泣,边挥舞着小拳头,怒不可遏。

我能理解他,因为我没有按照我们的约定提前准备好接他,这让他产生了恐惧。这种恐惧以愤怒的形式表现出来。我任由他发泄,抱着他,跟他道歉。大约过了十分钟,他平息下来,跟我说:"妈妈,你别说话,抱我坐下来。"我抱着他大约坐了五分钟,然后他说:"妈妈,我再也不想玩儿那个滑滑梯了,我们去其他好玩的地方吧!"于是,我带他去了另一个游乐场,他又很开心地玩儿了起来。

还有一次,我和君君看完绘本,便把绘本随手放在了床上,可是当他又想读的时候,找不到了,君君便说:"妈妈,我们应该把看完的书放在书架上,这样就不会找不到了。"其实,我有跟他说过物品需要分类整理,比如绘本需要放在书架上,但他似乎都没有回应,这一次居然自己主动提出。他遵循的其实不是妈妈的话,而是他内心的秩序感,是根据自己的感觉提出的"把绘本放在书架上"的这个要求。

所以,父母强加于孩子的规则并不能让孩子内化于心,他们最听从的是他与生俱来的秩序感。自律是正确教育的结果。

2.6 孩子拥有吃饭的自由,他才能自主进食

在君君三到四岁的时候,他的饭量总是很小,但他却对奶情有独钟。三岁之前,他晚上都需要喝奶。由于他主食吃

得少,所以奶就成了他主要的营养来源。

我四个月产假结束后,白天孩子就由奶奶来带了。老人带孩子有自己的一套方法,我也没有过多干预。因为我不清楚君君白天的情况,所以觉得在不亲自带他的情况下,很模式化地让孩子按照我的既定规则来带,并不合适。亲奶奶是不可能亏待孙子的,所以我对婆婆带娃是完全信任的。

我婆婆是个非常能干的护士,她也会和其他亲戚交流带娃经验。她告诉我,有人给她支招:"一边看电视,一边喂孩子。""给孩子做一些甜的南瓜粥。""爷爷负责逗孩子,奶奶负责喂。""把玩具放在手边,让他玩儿着,然后奶奶再喂"……这些就是君君当年吃饭时的经历。当我发现君君吃饭有问题的时候,这种习惯已经养成。

于是,我决定把尊重君君的饮食习惯和感受放在第一位,规定吃饭时一定要尊重孩子的意愿,他想吃就吃,不想吃就不吃,不能哄着吃也不能强迫吃,其他都顺其自然。

其中最重要的一点是,大人们需要放下对孩子不吃饭的焦虑。在君君吃辅食的阶段,我们没有充分尊重他的意愿,而是哄着他吃,所以他对食物的兴趣至今还没有体现很明显。但我相信,只要给他吃食物的自由,他的兴趣就能逐渐恢复,只是这可能需要较长的时间。

幸好,君君虽然比较瘦,但他的身体一直很健康,这让我并不太担忧。之前我曾在一本书中读到,一个情感得到充分满足的孩童,即使营养不够,也不会出现健康问题。我想君君就是这样的孩子。后来,我和小区里的另一位妈妈交流后,更加坚信了这一点。

> 球球妈妈是个全职妈妈,她在孩子的饮食上投入了大量精力,不仅饭菜搭配得很好,连孩子喝的水都考虑得周到,比如薏仁水、山楂水等。球球的胃口也很好,晚上睡前还要喝 300 ml 的奶粉。然而,球球的个头却不见长,而且在幼儿园体检中还被检查出贫血。他的身体也总是出现各种问题,比如眼睛莫名流泪、湿疹、发烧、咳嗽等。相比之下,君君却很少生病。球球妈妈对此感到匪夷所思,她问我:"君君妈妈,君君早饭就只喝奶,晚饭也只吃面条,不吃其他的东西吗?君君体检各项指标都正常,也不生病,长得也很高,是有什么秘诀吗?"

我猜很大的原因就是我对孩子的养育比较"自由"。球球妈妈虽然在伙食上很注重,但她的养育方式是限制与管教,在球球"不乖"的时候,还会惩罚他,在情感上没有得到满足,孩子的心理压力会大一些,故而可能会影响到孩子的身体状况。

尼尔在《夏山学校》里写道:"夏山每个人的身体都极其健康的原因是:第一,自由;第二,食物好;第三,空气新鲜。"自由排在食物之前。

> 最近放假,我带着君君和小伙伴们一起去运河公园玩,我们有时候会玩到晚上近十点,回到家睡觉的时候已经十一点了。早上我任由君君睡到自然醒,不急着催促他吃早饭。他早上九点半醒来,眼睛一睁就说:"妈妈,我要喝奶讲书。"边喝奶,边听妈妈讲书,这是他最享受的事情。早上他会让我讲五本绘本,喝 200 ml 的奶。喝完奶我也没有催促他吃早饭,允许他根据自己的时间来安排什么时候吃早饭。等到十一点左右,他说:"妈妈,我饿了,我要吃刀切馒头。"于是我给他蒸了一个。他狼吞虎咽地说:"你要蒸两个,不,你要蒸十个。"(这个阶段的小孩往往对食量没有准确的认识,容易眼高手低。)不到半分钟,一个刀切馒头就被他吃完了。

要让他重新对食物产生兴趣,就需要经历一个"按需供食"的调整期,让他逐渐恢复对食物的感觉。在生命的早期阶段,我们要遵守"按需喂养"的原则,给予孩子吃食的自由,这样他们才能逐渐形成自己的进食感觉和节奏,最终实现自主进食。

2.7 让孩子自由选择书籍，他才能拥有阅读内驱力

有愿望和无愿望的人解决问题的效率和过程存在显著差异。著名教育家第斯多惠曾说过："教育的艺术不在于传授知识，而在于唤醒、激励和鼓舞。"

以孩子玩沙为例，他们可能什么工具都不带就直接冲到沙坑边开始玩耍。在堆沙的过程中，他们会逐渐意识到需要铲子、水桶和模具等工具。这时，如果我们把工具放在他们手边，他们自然会拿起并使用。作为父母，我们需要耐心等待孩子自己经历从无到有的过程，这样的过程是基于他们自己的认知和探索，而不是父母强加给他们的。前者能让孩子感受到自我控制感，觉得自己有能力，而后者则可能导致孩子变得消极被动。

阅读也是如此。我们应该允许孩子挑选自己想读的书。如果他们能在小时候就自由选择自己感兴趣的书籍，那么他们就更有可能养成喜欢阅读的习惯。对于自己亲自挑选的书，无论是谁都会更加用心地对待。这一点我深有体会。

君君快四岁的时候，我第一次带他去图书馆。那天我特意给他穿上了帅气的红色篮球运动服，他坐在我的电瓶车上，我们一起开心地骑到了儿童图书馆。他对那里的一切都充满了好奇，看到一个大哥哥在看《熊出没》的书，也表现出了浓厚的兴趣。我们挑选了几本他想看的书，没过多久，他就都看完了。

后来，因为图书馆17:00就关门了，我下班后总是赶不及，所以一直没能带他再去图书馆选书。为了方便，我开始在手机App上借书，下班后直接去借书点取书。我根据我的理解给他借一些我认为的好书。但有时候，他会对这些书不感兴趣，直接就不想看了。

我意识到，看书还是要尊重孩子的意愿，让他自己去选书。即使我们觉得需要给孩子提供指导，也应该给他一个选择的范围，比如提供3~5本书让他自己选，而不是直接给他确定好书。即使他选的是漫画或者在你看来很幼稚的图画书也没关系，因为或许那个图片、那个主题就是他感兴趣的，重要的是他要把书先看起来，在看的过程中，他会接触到其他知识点，从而引发再学习其他知识的念头，这样学习的动力就自然而然地起来了。

2.8 接纳孩子的天性和局限，孩子才能更有力量

每个孩子都是眼睛大肚皮小，他们饿的时候，可能会要求你给他蒸十个馒头，但实际上只能吃掉两个。

> 君君就是这样，他吃的食物不多，早上起来往往没什么食欲。我便顺着他，等他感到饿的时候，再给他煮东西吃。有一天早上十点半左右，他饿了，跟我说："妈妈，你给我煮十个饺子，我要吃十个。"（以往他最多只能吃六个饺子）我还是给他煮了十个。结果，他吃了五个饺子就说饱了。我明白，逼着孩子吃完是不可取的，我们要理解孩子的这种局限，就不会因此感到恼怒了。

还有些孩子，总是会丢三落四，这其实都是正常的。在我们上课的教室里，每天都能找到很多孩子落下的文具和衣服。教室里也会专门设置"爱心屋"来处理孩子这些落下的东西。

我记得有个孩子，以前作业本老是弄丢。他的父母没有

责备过他,也没有在他每次落下作业本的时候,让他赶回学校再取,而是给孩子准备了两个作业本。这样,孩子就节省了纠正这个不足的能量,能够集中精力去发展自我。后来,这个孩子考上了非常优秀的大学。

　　人无完人,有时候父母对孩子的苛求其实是来自自己的恐惧。他们担心孩子作业本弄丢了,如果不及时纠正,以后习惯就不好了。所以,无论多么不方便,即使已经到家,也要再和孩子一起驱车回校拿本子,好让孩子"长记性"。然而,他们却忘了,孩子对爱和理解的需求远大于大人的惩罚性的"长记性"。这些惩罚性的举措只会让孩子感到懊恼,使他们的心绪无法宁静平和,从而无法把能量集中在重要的事情上。

　　我们班上有个孩子叫皓皓,他们家新买的房子还在装修,所以他还住在离学校非常远的老房子里。回家需要坐地铁再加上步行,要近两个小时。有一次放学,皓皓的水壶落在了学校。过了半小时,他又回来拿水壶了。我当时正在教室打扫卫生,忍不住说:"皓皓,你水壶落在学校没关系的,不会有人拿走的。放学这么久了,还为了水壶回来,你这不是折腾自己吗?"皓皓无奈地说:"我和爸爸都已经上地铁了,才发现水壶忘拿了。爸爸一定要我回来取。"

第 2 章 松弛自由的环境,是自驱力生长的土壤

皓皓才一年级,每天的作业爸爸都要坐在旁边监督,经常写到晚上十点半。校内作业也是经常写不完。只要是跟学习有关的事情,他都特别慢。有一次,我让他在记事本上记家庭作业,一共就 16 个字,他竟然花了一节课的时间也没写下来。

说到皓皓的爸爸,他非要让皓皓取回水壶。皓皓都已经走到地铁站了,从地铁走到学校,我作为一个成年人都要走 15 分钟。对于一个一年级的小孩来说,本已经上地铁了,却又要折回去拿水壶,真是让人心疼,到家要七点半才能吃晚饭!

成人因为自己的恐惧而形成的模式化教养方式,往往最能伤害孩子。<u>养育孩子需要一颗以人为本、柔软而敏感的心</u>。像皓皓这样,六岁前由一位瘫痪的祖母抚养长大,导致他的各个敏感期都受到阻碍,大脑中又充斥着大人的各种指令,使他无法进入学习状态。然而,他的父母却还在指责他放学后忘记拿水壶,并要求他回去拿。

> 我们班上还有一个叫耘耘的男孩,他的作业每天都拖拉,比皓皓还要严重。耘耘的母亲也是一个拥有模式化教养方式的人。有一次,耘耘的电动车头盔落在了教室,耘耘母亲让他回来取。然而,耘耘内心抵触,虽然先后回了教

室两次,但都没有把头盔带回去,只是在班级里转了一圈就离开了。他虽然按照母亲的指令回教室了,可是就是不拿头盔。我想,耘耘的母亲一定很抓狂吧。这些心绪的能量都耗费在这些琐事上面了,耘耘还有多少能量能用来发展自己呢?后来我了解到,耘耘的妈妈因为耘耘的养育问题都抑郁了。

如果耘耘和皓皓的父母能接纳孩子目前的样子,在首要的事情上投入专注力,放弃那些次要的事情,那么情绪的内耗就会减少,更有利于孩子的发展。而且,家庭也会变得更和睦,两位妈妈也会更加快乐吧。

第 3 章

快乐的体验感是对孩子的最佳反馈

3.1 保护好孩子的自尊,让孩子拥有良好的自我感觉

人人都渴望拥有稳定的社会地位,期望个人的能力和成就能够得到社会的认可。尊重的需求可以分为内部尊重和外部尊重两个方面。内部尊重是指一个人渴望在各种不同情境中展现出实力、胜任力、自信心和独立自主的能力。简而言之,内部尊重就是人的自尊。而外部尊重则是指一个人渴望拥有地位、威信,希望得到他人的尊重、信赖和高度评价。马斯洛认为,当尊重需求得到满足时,人们会对自己充满信心,对社会充满热情,深刻体验到自己活着的价值和意义。

在培养孩子自驱力的过程中,拥有自尊是至关重要的。那么,自尊究竟是什么呢?自尊就是自我尊重,是自己对自己持有稳定的积极评价,觉得自己是一个很不错的人。拥有这种自我认知的人,即使遭遇人生的低谷或陷入困境,也能迅速振作起来,重新站起来。

那么,高自尊是如何形成的呢?很重要的一条就是在孩子出生后的前六年,这是他们人格成形的关键时期。在这个阶段,如果孩子能够感觉到自己是被无条件接纳的,拥有一些成功的体验,并觉得自己很厉害,那么他们的自我感觉就会良好,从而有助于形成高自尊。家长在这个阶段最不能做的就是贬低孩子,因为长期贬低会导致孩子形成低自尊,他们会觉得自己一无是处,像一摊烂泥。一旦孩子形成了低自尊的认知,他们就会变得消极被动,需要外界不断推动才会行动。

相反,一个拥有志向的孩子,在追逐志向的过程中,会自然而然地养成许多好习惯。比如,有个孩子具有强烈的求胜心,无论做什么事情都想要争第一。为了这个目标,他会自觉地专注学习,背诵课文,复习错题集,做作业时也非常认真。更重要的是,他做这些事情都是出于自觉,而不是被迫。在这个过程中,他就展现出了学习自觉、专注和认真这三个

第3章 快乐的体验感是对孩子的最佳反馈

特质。这样的孩子会形成积极的自我评价："我是一个自觉、专注、认真的人。"具有这种高自尊的孩子，通常不会惧怕困难。这时候，父母只需要在旁边微笑地表示赞许，给予他们支持和鼓励就可以了。

实际上，许多孩子在开始学习时都能在学校内完成作业，并且自我感觉良好。然而，有些家长总是处于焦虑状态，这种焦虑主要源于与其他孩子的比较，他们总觉得别人的孩子学得更多，担心自己的孩子会落后。因此，即使孩子已经完成了自己的作业，家长还会额外增加作业，这些作业超出了孩子的自身需求，破坏了他们对自己追求目标的掌控感和体验感。

原本，孩子对自己是有掌控感的，他们认为自己专注、高效，是能够完成老师作业的好学生，有时完成作业后还会感到一丝自豪。但有些父母见不得孩子这么快就完成作业并信心满满的样子，认为孩子骄傲了，于是立即布置更多额外的提升作业，这些作业往往难度很大，甚至超出了孩子的学习能力。当这些父母看到孩子眉头紧锁时，他们却感到心情畅快。

事实上，孩子需要这种成就感和自我满足感。当他们完成学习任务时，会产生愉悦感，并觉得自己很有能力。如果父母能由衷地认可孩子的"厉害",给予接纳,孩子就能产生高自尊。当孩子对自己的认知是正面的,他们就能自律,进行自我约束,他们的行为会符合自己的认知,从而形成良好的习惯。

如果父母长期不认可孩子,让孩子觉得自己很差劲,形成了低自尊,他们就会开始消极怠工,形成"反正我是个很差劲的人,我很多事情都做不好,我不擅长学习"的认知。当孩子对自己的定位是"差生"时,他们就会去做一些消极的行为,比如作业磨蹭、需要老师和家长提醒才做、频繁上厕所等;他们会认为题目错几道很正常,差生不能考 90 分,70 分已经可以了;他们会认为差生不需要很自律,于是自我约束力也下降,就形成了需要父母推一推才动一动的恶性循环。父母的埋怨和骂声更强化了他们学习很差劲的信念,使孩子的自尊变得更低。

所以,在提升内驱力的所有因素中,保护孩子的自尊是最为重要的。那如何提升孩子自尊呢?

(1)父母首先要避免的是情绪化地贬低孩子。相反,应该经常向孩子表达爱与欣赏,让他们感受到被重视和理解。这样的态度能够为孩子自尊的建立提供坚实的基础。

(2)当孩子做出积极、正面的行为时,父母和老师应当及时给予鼓励和赞扬。这样的正面反馈能够让孩子感受到自己的行为得到了认可,从而进一步提升他们的自尊。

(3)即使孩子出现不良行为,父母在教导时也应当仅针对行为层面,避免否定孩子的人格。简而言之,就是告诉孩子:"爸爸妈妈觉得你虽然做错了事情,但只要改正行为就可以了。在爸爸妈妈心中,你一直都是个很棒的小孩。我们对你的爱没有丝毫影响。"这样的处理方式有助于保护孩子的自尊,让他们在面对错误时能够积极改正,而不是陷入消极情绪。

3.2　正确的语言表达爱,让孩子更自律

爱是什么?按照罗杰斯的说法,爱是深深地理解和接受。它是教育的前提,缺乏了爱,教育便无从谈起。爱对于抚养孩子的意义,就如同光对于生命的意义,它照耀着整个抚养过程。然而,仅仅有爱是不够的。真正的问题是,我们是否能以正确的方式来表达这份爱。真正的爱的行为能够培养孩子对自己才能和能力的信念,从而激发他们的主动性。因此,我们需要学习和掌握相关的知识和技能,以更好

地表达爱,进而真正拥有爱的能力。

> 在《窗边的小豆豆》这本书中,有一个场景深深打动了我。小豆豆在老校长的倾听下,竟然连续讲了四个小时的话。那次成功的倾听,让小豆豆感到自己生平第一次遇到了真正喜欢的人。得到老校长的倾听后,小豆豆感觉非常安心,心想:"要是能永远和他在一起就好了。"在整个倾听的过程中,老校长一次也没有打过哈欠,也没有露出不耐烦的样子。他就像小豆豆一样,身体向前探出来,专注地听着。

这位老校长就是一个真正拥有爱的能力的人。

> 有一天,我带着君君在小区的游乐场玩。小女孩依依在她奶奶面前摔了一跤,趴在地上大哭起来。依依的奶奶立即大声斥责道:"跟你说过别跑这么快,以后别再跑这么快了!"小女孩继续哭着,奶奶又斥责道:"这个不疼的,没有摔破皮就不疼的。"结果小女孩哭得更厉害了。

她哭是因为想要表达自己很疼,可是她的感受没有被奶奶看到和理解,所以哭得更厉害了。她想让奶奶来理解自己的感受,可是却得到了斥责。儿童在生命早期对自我的认识主要来源于周围人对他的评价和反应。如果依依奶奶能表

第3章 快乐的体验感是对孩子的最佳反馈

现出认可依依的感受,那么她就不需要通过大哭来表达自己的痛苦了。

> 君君摔跤时很少会哭。有一次,他在非机动车道上骑车,摔了一跤,被自行车的撑脚磨破了皮。我看到他摔跤了,连忙跑过去说:"摔了一跤,肯定很疼吧!妈妈看看哪里摔破了,来,妈妈给你吹一吹。"他感受到了我对他的关心和理解,立马自己爬起来,一溜烟又继续骑车去了。
>
> 还有一次,他的手被门夹到了,都夹紫了也没有哭。当我回到家时,他主动把那个夹紫的手指给我看。我说:"手指头怎么紫了?"他说:"被门夹了。"我心疼地说:"那妈妈给你吹一吹,现在还疼吗?"他听了我的话,心满意足地放下了这个事情,继续去玩他的游戏了。

有时候,孩子哭并不是真的想要得到什么实质性的帮助,而只是想让自己的感受被看到和理解。所以,我们需要用爱的语言来表达自己看见了孩子的感受,而不是去否定他们的感受。

如果一个孩子总喜欢哭,想想你是怎么对待他的。你是否曾说过:"别哭了,哭得让人心烦!"或者"又哭,哭有什么用?"这样的回应只会让他哭得更厉害。我们可以这样表达:

"妈妈知道你很伤心、很沮丧,你想哭就哭吧,哭一会儿可能会好受一些。"这样的回应认可了孩子的感受,让他感到被接纳和理解,他也能更快地从眼前的困境中走出来。

这才是真正的爱的语言。凡是得到充分的爱的孩子,内心都会比较平静,头脑会自动发展智能,他们会很自强,智商也高。

巴菲特认为,自己人生中最重要的信条便是:尊重自己的感受。这是生命最根本的诉求。一个能够根据自己的感受行事的人,将会拥有卓越的生命力。

其实,在生命初期,孩子本能地会根据自己的感受行事。如果孩子的感受变得麻木、缺乏生命力,那可能是因为周围人一直在不断地否定他的感受。比如,有些父母特别喜欢给孩子提意见,或者批评指责孩子,否定孩子。这样的孩子甚至还会出现一些躯体化的迟钝,比如味蕾特别迟钝,需要吃重口味的食物,或者耳朵会"听不到"别人所说的话(因为他们太想屏蔽掉周遭的话语了)。

那么,怎么恢复这些感觉呢?答案是尊重孩子的感觉,并为之前的不当行为道歉。当我们真诚地向孩子道歉,并承诺以后会更加尊重和理解他们的感受时,孩子就能感受到我们的爱和关心,他们的感觉也会逐渐恢复敏感和活力。

第3章 快乐的体验感是对孩子的最佳反馈

一个毕业于东京大学的学生在回忆自己的成长经历时提到,有一天,他和弟弟在房间的墙壁上涂鸦,涂完之后才意识到这可能会被妈妈责骂。两人已经做好了被骂的准备,但妈妈的反应却让他们意想不到。妈妈说:"啊!画得挺不错的嘛。你这孩子是不是有绘画天分啊?"他当时有点不知所措,但正是因为这句话,他对自己绘画的能力有了自信。

我想,这一定是孩子听到的最美的语言了。在这种充满爱与鼓励的语言熏陶下成长的孩子,内心平静、自信,头脑灵活,智能也能得到很好的发展。相反,如果妈妈上来就不分青红皂白地训斥:"墙壁被你涂成什么样了?快去擦掉!""你这孩子一点规矩都没有!"请你仔细观察孩子的眼神和表情,他们一定会显得落寞,因为他们被伤害了。

有时候,孩子那颗被伤害的心会转化为愤怒的反抗。他们不愿意擦去涂鸦,甚至选择跑掉。这种非爱的语言、对孩子的否定行为,日积月累,最终会导致孩子对父母的不满。

有些父母觉得孩子叛逆、不听话,似乎总是充满怨气。其实,问题的根源都要往前追溯。孩子的情感需求没有被满足,心理需求没有被看见。看见,就像一束光,能照亮孩子的内心世界。好的父母能看到孩子本身,而不好的父母眼中只有事情本身。

那有些人可能会说,我确实不能容忍孩子在墙上涂鸦,那也可以先认可孩子的感受,然后提出一些具体的可行措施,比如:"你这画画得真好啊!很有绘画天分哦,如果下次能在纸上画,妈妈可以帮你裱起来哦。"这些充满爱与鼓励的语言,能让孩子的精神得到充分的滋养,从而成为自己人生的英雄。

那么,父母应该如何恰当地表达呢?

(1)父母在表达时,应尽量保持平和而坚定的态度,避免使用打压的方式,以免给孩子带来内疚感。

例如,当孩子攀爬书架时,平和而坚定的表达方式可以是:"妈妈刚刚看到你攀爬了书架,这个行为有点危险。你觉得什么地方攀爬才更安全呢?"相比之下,如果说:"你怎么爬书架了?你不知道这会让你受伤吗?"这种质问的语气可能会引发孩子对自己行为的内疚感,从而导致精神内耗。

(2)杜绝使用充满比较性的语言。

有些父母总觉得"别人家的孩子"更优秀,于是拿他们的优点来与自己孩子比较,这种做法是不可取的。经常被比较的孩子容易丧失自信心。相反,不被评判、不被比较,并得到接纳的孩子,会更容易拥有自信。一个自信的孩子,无论做什么,都更容易取得成功。<u>孩子不会因为你觉得他不好而变好,但他会因为得到了认可,觉得自己很好而变得更好。</u>

3.3　正确的夸夸法，夸出孩子干劲

真诚的夸赞可以传递出赞许、肯定和鼓励，让被夸的人更加充满干劲。具体该怎么夸呢？

夸人原则一：注重具体内容

这一点对低龄孩子尤为重要。例如，当孩子吃饭前主动洗手时，妈妈可及时表达："宝贝，你今天吃饭前自己去洗手了，做得真好！"又如，孩子自己迅速且正确地穿上了裤子，妈妈应给予肯定："宝贝，你今天这么快就穿好裤子了，真是太棒了！"这样的夸赞让孩子明确知道哪些行为是值得肯定的，同时也让他们感受到父母的关注。

夸人原则二：强调孩子的努力

在夸赞孩子时，更应注重他们的努力，而非仅仅夸他们"聪明"。一旦被贴上"我很聪明"的标签，孩子在遇到事情时可能难以保持谦和，总是想与人竞争。同时，他们可能会回避困难的任务，害怕失败和出丑，因为失败可能会损害他们"聪明"的形象。相比之下，父母更应肯定孩子的努力、态度、坚持、勇气、创意、方法以及条理性等。这样的夸赞方式

有助于孩子形成积极进取的人格。

夸人原则三:充满真诚

要发自内心地夸赞,孩子在信任、称赞和正面的真诚期待中,会逐渐变得越来越好。

夸人原则四:避免贬低他人

夸奖时切勿建立在贬低别人的基础上。有些父母喜欢比较,当自己的孩子超过别的小朋友时,难免会得意并夸赞,但这种"夸一踩一"的方式容易让孩子产生攀比心理或莫名其妙的优越感。这种夸奖方式容易让孩子对成功的标准形成错误认知,把超过别人当作是追求的目标,而实际上,成功是与自己比较,只要不放弃,比之前的自己更优秀,那就是成功。

夸人原则五:就事论事

夸奖时要就事论事,不要牵扯过去和将来。比如,有些父母在孩子考 100 分时,会说:"这一次是不错,但你上次考试怎么那么马虎呢?那么明显的两个错别字没看出来?"这样的话语如同给孩子泼了一盆凉水,这种夸奖方式不如不夸。还有一种夸奖方式,比如妈妈说:"这次考了 100 分,下次再接再厉,争取连续考个三连百啊!"这种夸奖方式会给孩子带来莫大的压力,一旦他们后面做不到,就会感到失落,不利于抗压能力的养成。

夸人原则六：公开夸奖

父母在人前对孩子的态度能把对孩子的影响放大很多倍。比如，妈妈在奶奶面前夸奖孩子时，最好当着孩子的面说："今天上厕所时，宝贝都是自己搬的小马桶，然后自己擦的屁股。"这样会让孩子感到自己被肯定，产生愉悦的情绪，从而强化自己的这种行为。

3.4　设定稍微超过孩子现有能力的目标，让孩子跳一跳

在君君的足球兴趣班上，我注意到一位爸爸正在和他的儿子讲解前锋、后卫、中场等足球术语。然而，孩子却双手紧紧捂住耳朵，显然并不想听。爸爸见状，气急败坏地说："你不想听，那我以后再也不讲给你听了。"

后来，在与一位妈妈的闲聊中，我得知这个孩子对足球其实非常感兴趣。他刚刚上了两节足球课，在最近的课后足球比赛中，他所在的队伍以 2：1 获胜，而这两个球都是他一个人进的。因此，他对踢球充满了信心，甚至报名参加了即

将举行的足球赛。

与孩子沟通时,我们一定要敏感地觉察他的感受,了解他的认知水平,而不是仗着大人的见识去展现自己的认知优越感,满足自己的教导欲望。对于一个只上了两节课的五岁孩子来说,他显然是不懂前锋、后卫、中场等复杂术语的。想要孩子更好地成长,我们应该教给他稍微超过其现在能力的学习内容,但同时要用尽量简短、符合孩子认知的话语来表述。

对于上面情境中的那个孩子,我们可以给他设定一个简单的目标:在场上尽量保存体力的同时,不让对方进球(不要说"做好防守",因为孩子可能听不懂,我们的目标和指令要尽量具体),同时自己也要尽量进一个球。如果要求过高或者说得过于复杂,会让孩子感受到强烈的不安和压力,从而无法取得进步。

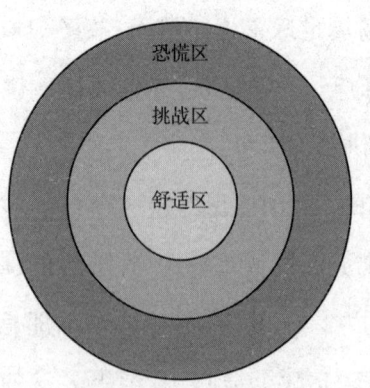

1. 恐慌区(要求过高)
·感受到强烈的不安和压力
·完全无法进步
2. 挑战区
·需要适度的挑战和努力
·容易提升能力
3. 舒适区(过于安逸)
·没有压力,甚至感到愉悦
·能力无法提升

3.5　降低他控，增加孩子对生活的控制感

有个妈妈告诉我，她很羡慕那些能自己起床、洗漱，然后背上小书包去上学的孩子。相比之下，她的孩子总是需要她叫醒，并在她的不断提醒和催促下才能去上学。

我询问了她的日常做法，她每天起床后会先处理一些家务，然后在7:15打开孩子房间的门并拉开窗帘，让房间充满光线，希望孩子在起床前能有一段时间缓缓。接着，她会继续忙家务。如果孩子还在睡，她会等到7:40再去叫醒孩子，给孩子泡杯牛奶，让孩子边喝奶边看书，当然，看书的时间是提前和孩子约定好的："就看三本书，说话算话。"然后，她们会用十五分钟的时间喝奶、讲书，大约在7:55出门上学。

表面上看，这个妈妈的安排似乎很有条理，但这样的安排真的能培养出充满自律、主动起床上学的孩子吗？

要想让孩子主动上学，关键是要让他们对上学这件事拥有控制感和自主感，至少不能让他们感觉自己只是被动接受安排的角色。

这个妈妈确实非常能干,她根据自己的感觉为孩子制定了时间表。7:15打开孩子的房门和窗户,同时她在这个时间做家务,难免会发出声音,这会给正在睡眠中的孩子带来怎样的体验呢?我想,孩子一定会觉得自己的睡眠不能自己做主,而是要接受大人的安排。这样的潜意识里,孩子就会产生抵触情绪,表现为到了规定的7:40总是不愿意起床,需要母亲不断催促。

当父母的意志强加给孩子时,孩子会本能地产生抵触情绪。人类的大脑会抵制那些强加在自己身上的意志,而渴望自主。除非这是孩子自己的选择,否则这样的做法对孩子自主性的发展有着极其不利的影响。

那该怎么做呢?

我认为在家里应该遵循的原则是:孩子的事情尽量让他们自己做主。如果有些事情需要和父母合作完成,那就一起商量,最终定下一个孩子也认可的方案,最好是由孩子来确定这个方案。因为人们通常更愿意遵守自己制定的方案。

在安排早上入学前的准备时,这位妈妈可以提前听听孩子的意见。比如,她可以问孩子:"宝贝,学校要求8:00—8:10之间入园,那你觉得我们几点钟出门比较合适呢(可以告诉他,走到幼儿园需要 10 分钟)?"我相信,孩子最后会得出一个比较科学的时间点,比如早上 7:50 出门。即使他说了 7:55 也没关系,可以先按照他说的试一试,在实际操作中再做调整。在整个和孩子的互动中,一定要以孩子的意愿为主,这样孩子的自主性就会逐渐建立起来。

和孩子商量好 7:50 出门后,妈妈可以进一步引导:"妈妈注意到你早上喜欢喝奶和讲故事,那你觉得几点叫你起床比较合适呢?"孩子会给出一个具体的时间点,这时妈妈就按照这个时间点来叫他。因为整个过程是关于孩子起床的事情,所以他的主观意愿需要得到尊重,我们只是辅助者。如果这位妈妈要提建议,也最好只是提醒一些孩子可能没考虑到的客观条件,比如早上 8:00—8:10 需要入园,看一本书需要 5 分钟等,这些可以帮助孩子做出更科学的决策。我们不要越界去安排本该由孩子自己决定的事情。

还有关于早上提前拉窗帘的事情,可能妈妈自己有这个习惯,但其实这些早上起床的准备工作还是需要和孩子商量的。妈妈可以问问孩子:"你需要妈妈提前开门拉窗帘吗?还是只需要拉窗帘不开门?或者妈妈什么都不做,7:40 直接进来协助你穿衣、喝奶、讲故事?"

另外,在早上看几本书的事情上,也应该由孩子自己决定,或者由客观条件所决定。如果孩子早起了,那就可以多看几本;如果孩子起得晚,就只能看一本或者不看。让孩子承受自然结果,给予他们对事情的控制感,减少父母的主观意志的限制,这样才能培养出充满自主感、活力十足的孩子。

当这么做的时候,我们实际上是在尊重孩子的基础上,赋予他们对起床这件事的控制感,让他们意识到起床是自己能够做主的事情。这样一来,孩子往往会更加积极地配合起床。

无论是谁,一旦对自己的事情失去了控制感,就会感到压力重重。有些孩子长期处于这种慢性压力之下,他们可能会想要逃避现实,比如沉迷于电子游戏,因为在游戏中他们能找到绝对的控制感。

孩子的生活需要张弛有度,如果他们在家里能够按照自己的节奏来决定生活的步伐,那么在学校或社会中,他们就能更好地适应。如果孩子在家中被过度限制,无法做自己,那么在学校中,他们内心对自由的渴望就会喷涌而出,顾不得是否得体,必须得到释放。否则,这种渴望可能会转为对内的攻击,导致孩子出现身心问题。

为什么你的孩子总是拖拉、需要你不断提醒才能完成任务呢?这很可能是因为父母的信念和底层的行事逻辑出了问题。在错误的信念指导下,父母往往会把孩子的每一件事情都安排得妥妥帖帖,但这样的做法实际上是在削弱孩子对自己事情的控制感。长此以往,孩子将毫无内驱力和自主性。

在教育中,爱与自由是两大核心要素。爱能够塑造孩子健康的人格,让他们感受到温暖和支持;而自由则能让孩子根据自己的感觉行事,培养出独立自主的个性。

因此,在与孩子相处的过程中,父母应该秉持这样的理念:尊重孩子,给予他们更多的选择空间,增加他们对自己事情的控制感。这样,孩子才能逐渐发展出自主性,并拥有更高的身心健康水平。

3.6 改变归因方式,孩子更自主

君君是个社交小达人,很多小朋友都喜欢和他一起玩。有一次,我们聊到君君的好人缘,我的一个亲戚却过来说:"君君人缘好,是因为他妈妈是老师,以后其他小朋友都指望着这个老师妈妈帮忙呢。"这句话直接否认了孩子自身的品质。如果君君听到,该是多么失落啊。

首先,这个亲戚的理由就站不住脚。一群五岁的孩子在一起玩,哪会有这么多复杂的心思呢?这个年龄的孩子,只会因为"我喜欢你"而跟你一起玩,而不是因为其他任何外在的原因。另外,即使孩子们知道君君的妈妈是老师,他们又能联想到以后帮忙之类的事吗?这些只是大人的心思而已。

我们都希望人们跟我们交往是因为我们本身的魅力,而不是其他任何外在的因素。本来孩子是信心满满,享受着人际关系的乐趣,可是如果这么归因,孩子还能感受到人际关系的乐趣吗?我们对于孩子优秀表现的归因,应该是归因于孩子自身,而不是其他原因。

有些父母喜欢把某某孩子成绩好归因于他的父母本身就是高学历、基因好,或者把某某在单位里的高升归因于家里资源好。这种归因方式、这种价值观的传导对年幼的孩子来说是非常消极的。

如果孩子长期在这样的价值观的熏陶下成长,他们可能会感到无助,觉得自身的行为对外界没有影响,那么孩子就不会有良好的表现。因此,我们要给孩子传递一种积极向上的价值观,而且最好是通过父母的行为表现出来。

"幸福是奋斗出来的",这句话告诉我们,幸福不是凭空而来的,而是需要我们通过不懈地奋斗去争取。

作为父母,我们应该给孩子传承一些积极的、正面的价值观。其中特别重要的一点就是:我们的人生是可以通过自己的努力来改善的。我们要让孩子明白,他们的人生幸福是可以自己主导的,过得好与不好,很大程度上取决于他们自己的奋斗。而不是依赖他人,或者听天由命。

3.7 把指令式任务改为授权式任务,激发孩子积极性

"你把衣服叠一下,把那块地扫一下!"有些父母总喜欢这样指挥孩子做事。然而,这样的指令只是让孩子活动了一下,却并没有真正锻炼到他们的协调组织能力。

如果父母能够以责任制的方式提出任务,让孩子为自己的房间或者某个小花园负责,那就会大不相同。这样的做法不仅能够锻炼孩子的协调组织能力,还能给予他们更多的自主空间,让他们有机会发挥创造性。同时,这也增加了孩子的控制感,让他们感到自己是有能力掌控一些事情的,这是增强孩子自驱力的关键所在。

我有个好友,他们家里非常注重平等,经常会和孩子一起商讨家务的分工。

一天傍晚,家里又召开了一次家务会议,商讨家务的具体安排。孩子主动表示自己想要负责整理小花园。朋友听后表示支持,但也提出了一个条件,因为周末想在花园里休息,所以希望孩子务必在周五之前完成花园的清扫与整理。

然而,时间一分一秒过去,一直等到周五晚上,孩子都没有动手整理花园。朋友忍不住提醒孩子:"我看到你的花园还没整理呢,已经到了我们约定的时间了,你需要整理一下哦。"

孩子听后,有些无奈地说:"我不会啊!"

朋友的怒气一下就冲了上来,心想:"你都没尝试去整理,怎么知道不会呢?"但是,他还是努力平息了自己的怒气,耐心地对孩子说:"你需要帮忙吗?"

孩子点了点头,说:"是的。"

于是,在孩子的指挥下,朋友充当起了帮手的角色,帮孩子一起整理他负责的小花园。孩子会时不时地给朋友下达指令:"爸爸,你把那个木头扛到那边整理好。"

就这样,经过几次的共同努力,孩子已经能够独立地整理小花园了。

给予孩子授权型的任务相较于单纯指令式的任务,在教育水平上有着显著的提升。任务的自主性越强,对孩子的教育益处就越大。例如,与其直接指挥孩子去超市买牙膏,不如与孩子商量,将洗漱台的管理责任授权给他们,或者让孩子自己选择家中他最感兴趣的一块地方,并给予他们充分的信任和授权。

另外,我们可以一次性提前交给孩子多种家务任务,并告知他们完成的时间。比如,在周一与孩子商量本周需要做的事情:他们需要自己洗小袜子,每两天浇一次花,给小鱼换水,整理自己的玩具,确保在周末时家中是整洁的,以整洁的环境迎接美好的周末时光。接下来,就由他们自己决定完成这些任务的进度。

父母在给孩子安排任务时,要始终注意给予孩子自主的空间,让他们感受到可控感,而不是仅仅机械地执行某项任务。

3.8　启发式的提问,塑造积极的思维方式

在平时,你是否这样说过:"不可以。""你不应该把水

弄得到处都是。""告诉你多少次了。"或者在听完孩子的诉说后,直接给出建议:"你可以跟他道歉。""你把玩具电话也给别的小朋友玩一玩。""你也跟君君去玩绳子去。"这些习惯性的表达方式可能会直接扼杀孩子的主动性,不利于孩子的成长。

授之以鱼不如授之以渔。我们直接告诉孩子建议或要求孩子按照我们说的去做,这些是"授之以鱼"。正确的方式是,我们需要教会孩子"渔",也就是引导孩子形成一种积极的思维方式。

有一次,君君的水枪被火火抢走了,他想要回来,于是凑在我的耳边说:"妈妈,你帮我去拿那个水枪吧。"我明白,孩子之间的事情,由我去介入拿走水枪,显然不合适,所以我拒绝了。

我问道:"君君,这是孩子之间的事情,还是大人之间的事情啊?"(首先明确界限)。

君君回答:"孩子之间的。"

我又问:"那怎么样才能让火火把水枪还给你呢?"

君君思考了一下说:"我直接去拿,那不行,火火会打人。"

第 3 章 快乐的体验感是对孩子的最佳反馈

> 我继续引导:"那还能怎么办?"
>
> 君君想了想:"告诉她妈妈,让火火妈妈帮忙,因为那是我的水枪。"
>
> 我鼓励他再想一想:"还有其他方式让火火把水枪还给你吗?"
>
> 在我们对话的过程中,火火一直都在发射水枪,水快射没了。
>
> 君君突然有了主意:"水枪里快没水了,我等火火把水射完了,他就不玩了,水枪就归我了。"
>
> 我肯定了他的想法:"这也是一个办法。"
>
> 于是,君君就静静地等待火火把水射完。火火把水枪往地上一丢,君君立刻捡起水枪,重新注满水,开始开心地玩儿起来。

不得不说,这个方法也不错。火火是个比较任性霸道的孩子,如果直接请他归还水枪,他肯定会拒绝。如果告诉火火的妈妈,让她去劝说火火,火火也可能会因为不愿意而发脾气,导致场面混乱。而君君选择暂时忍让,避免了冲突,最后还是拿回了水枪。

在与孩子相处的过程中,我们要避免教条主义式的教导。在尊重孩子意愿的前提下，我们应该引导孩子自己想出解决问题的方法。

有一段时间，君君特别喜欢打断我说话，他迫切希望我能无时无刻不以他为中心。无论是我和君君爸爸说话，还是我在做其他事情，只要他想发表"高见"，我们就得停下来听他讲。

我们知道这样下去不行，我也需要被尊重。于是，我和君君说："以后，爸爸妈妈说话，请你不要打断我们，妈妈打电话的时候，也请你不要打断我。"类似的话我说过多次，但作用不大，他还是会打断我们。

一次，我在和婆婆说一些事情，君君又来打断了，原来他是想让我给他读绘本。

我试着和他沟通："君君，我能不能一边和奶奶说话，一边给你读绘本呢？"

君君很调皮地说："可以啊，你有两张嘴吗？"我知道他在开玩笑。

于是我继续引导他："那当妈妈和奶奶在讲话的时候，如果我们被打断，你觉得我会是什么感受呢？"

君君想了想说："会生气。"

我接着问:"那有什么办法,既能让我和奶奶继续讲话,又能给你读绘本呢?"

君君想了想说:"可以先谈完话,再给我读绘本。"

我鼓励他再想一想:"那在我给你读绘本之前,你能找件事情做吗?"

君君想了想说:"我可以先听音频。"

我肯定了他的想法:"这是一个不错的主意。"

当你直接告诉孩子怎么做的时候,你其实已经失去了鼓励孩子说出自己想法的机会,也剥夺了孩子为自己的事情思考的权利。孩子会觉得压抑,接下来只想着怎么落实你的建议。而如果他们不愿意按照你的建议行事,因为那不是他们自己悟到并心底里认可的想法,只是教条地遵照执行,那将毫无意义。

要让孩子形成"我能解决问题"的思维模式,我们还需要搞清楚孩子对问题的看法。

君君还小的时候,对踢足球很感兴趣,我便给他买了一个便携式的球门和一个足球。看到他和小伙伴在楼下玩,我便把球门和足球拿了下去。几个小伙伴看到球,立刻兴奋地踢了起来。

然而,其他几个小朋友比他长得高,君君大部分时间都碰不到球。后来好不容易等到球进了球门,他就去死死抱住,不肯给其他人。其他小朋友很想踢球,于是就来抢他手中的球。君君的力气抵挡不住其他小朋友的攻势,球被抢走了,他哇哇大哭。其他小朋友见状,又把球还给了他。

我问他:"你这样抱着球,其他小朋友能不能玩了?"君君说:"不能了。"我又问他:"那这个球还怎么踢下去啊?"他不作答,还是抱着球。其他小朋友见状就走了。

我对君君这种抱着球不肯给其他小朋友玩的行为有点生气。等平静下来后,我问他:"你为什么抱着球不放?妈妈知道你最近喜欢踢球,特意给你把球门和球拿下来的啊!"

他说:"妈妈,我只想一个人练习把球踢进球门。几个人一起踢,我够不到球。"

原来是这样。如果我能在把球门和球拿下来前,先和他沟通一下,了解一下君君的想法,就不会出现后续的事情了。这让我意识到,与孩子沟通并了解他们的想法是多么重要。

如果大人只是急于把问题转移到符合自己需求的认知上,而不先弄明白孩子行为的动机,那问题就不能得到真正解决,孩子总会找到抗拒解决问题的办法。另外,我们要把重点放在思考的过程上,而不是具体的结论上。在具体过程中,我们可以用以下这些话语,帮助孩子主动思考:

(1)发生了什么事?你为什么要这么做?

(2)对方可能有什么感受?

(3)你自己有什么感受?

(4)你能想个方法来解决这个问题吗?

(5)你觉得这个主意怎么样?是不是个好主意?

(6)如果这是一个可行的主意,不妨试试看哦。

(7)如果这不是个好主意,我们可以一起再换个办法试试哦。

当孩子养成了"我能解决问题"的思维模式后,他们会加速成长,更加自信和独立地面对生活中的各种挑战。

第 4 章

责任感是内驱力的第二股力量

4.1 孩子本应是他自己的主人

有位妈妈,一直为自己的小孩不能按时起床、无法独立做作业而烦恼,于是来向我咨询。她说:"女儿平时上学的时候,我规定她早上 6:30 起床,但她从来不肯起,都要我去拽她。周末我希望她能多睡一会儿,结果她很早,六点就醒了,然后跑到我房间来打扰我。"

我说:"你的目的就是希望她上学不迟到,周末不要打扰你睡懒觉,你需要睡到自然醒,对吧?"她点头说:"是的。"我又说:"那你就把自己的需求跟她讲清楚。另外,上学不迟到应该是她自己的需求,而不是你的需求。只有周末不打扰你睡觉才是你自己的需求。"

我进一步解释:"只要上学不迟到,她几点起床是她自己的事情。有些孩子 7:15 才起床,但十分钟之内就能出门。有些孩子为了早上能多睡一会儿,会提前把衣物、书包和第二天需要带的东西都准备好,以便第二天早上洗漱好后就能直接出门。周末孩子未必一定要晚起,其实只要不影响大人休息就行。大人把这个界限说明白,孩子即使提早起床了,也会自己安排事情去做。"

我还说:"我们在和小孩相处的时候,以结果为导向能减少 80% 的无效管教。来自他人的管教少了,孩子的主动性自然就起来了。以结果为导向的管教方式,能给孩子足够的自由发展空间,让他们的创造性得到充分发挥。温尼科特曾说,创造性是心理健康的源头,而顺从则是心理问题的开始。只有拥有创造性,才能激发孩子的生命活力。"

另外,这个妈妈还提到了女儿写作业的问题。她说只有当她坐在旁边时,女儿才会坐到书桌前,而且需要她不断督促,女儿才会动笔写。二年级的孩子,做作业每天都要做到十一点多,这让她觉得自己的生活快要抑郁了。

我安慰她说:"孩子需要学会为自己负起责任。她之所以这样完全是因为界限不清造成的。她觉得写作业是妈妈的事情而不是自己的责任;她没有动力去写而妈妈有动力。"

清晰的界限能促使孩子把外在的动力变成内在的动力。当我们分清界限后,孩子们就会有更好的机会去获得动力并发挥自己的才能。<u>对自己的选择负责任,能使孩子发展出良好的自我控制能力。一个孩子的成长过程就是逐渐与父母建立生理和心理界限的过程。儿童的心理界限建立得越早,后面生活的混乱就越少。</u>

4.2 三条原则,提升孩子责任感

人之所以会变得不负责任,很大程度上是因为心理界限不清。当父母替孩子承担了过多的责任,不让孩子承受自然结果时,孩子就容易形成逃避责任的习惯。

有些父母喜欢包办孩子的生活起居,替他们出面解决问题,督促他们写作业,甚至替他们发愁、焦虑和担忧。这样一来,孩子就逐渐习惯了逃避责任,接受父母替自己作出决定。虽然这样的生活有时会让他们感到慵懒和舒适,但同时也意味着他们拱手相让了自己的自由。

自由意味着可以根据自己的内心做出选择和决定。而

逃避责任的人,早已将这份自由拱手相让。那么,如何培养孩子的责任感呢?以下有三条原则:

1. 分清是谁的事情

例如,当孩子说:"妈妈,我要漱口,给我拿漱口水。"妈妈可以回应:"自己去拿。"如果孩子坚持说:"不嘛,你给我拿。"妈妈可以进一步引导:"这是要谁漱口呢?不是妈妈吧?"通过这样的对话,让孩子明白这是他们自己的事情,需要自己去完成。

当然,这一招也不能刻板实施。对于三岁以内的小孩,他们强烈地依赖着妈妈,这时候以满足孩子的需求为主。等他们的安全感充分建立,有了一定的自主能力后,再逐渐实施这一原则。另外,在孩子很累或情绪不佳的时候,也不宜过分强调这一原则。

> 君君刚上幼儿园那会儿,每天都要在楼下和小朋友们玩两三个小时,晚上不到八点就趴在我身上睡着了。有时候我让他自己的事情自己做,他会说:"妈妈,我好累啊,你可以帮我拿一下吗?"这时候,虽然我知道这是他的事,但也会帮他去拿一下。

每个孩子的精力都是不一样的。有些孩子精力旺盛,回到家后还能继续做一些力所能及的事情。而有些孩子从幼儿园回家后,再和小朋友们玩两三个小时,精力就已经消耗得差不多了,只想回家呼呼大睡,充分休息。这时候,再进行"自己的事情自己做"的教育可能就不合适了。我们可以等待合适的时机,等他再长大一些,体能更好一些,并且完成了幼儿园的入园适应以后,再进行这方面的教育。

在处理这类事情时,父母需要找到一个人性化的适中点,既要符合孩子目前能接受的要求,又要避免自己过于迁就,陷入过度宠溺。如果父母过度宠溺孩子,那么在和孩子相处的时候,就会失去快乐和平衡。大人需要为孩子做出榜样,这不仅是为了自己,更是为了孩子。因为只有建立在互相尊重和平等的基础上,对孩子的成长才是最好的。

如果你的孩子因为贪吃而吃掉了本来属于你的那份美食,却没有受到任何教育,那么不要认为这是小事。因为孩子在以后可能会因为自己的自私自利而失去更多。我们需要及时引导和教育他们,让他们学会尊重他人和与他人分享。

2. 让孩子承受行为的自然结果

有两个小朋友一起玩,小朋友 A 拿了另一个小朋友 B 的滑板车。这时,A 的妈妈没有立即冲过去,而是观察了一下情况。她注意到 B 小朋友还没做出任何反应,于是决定先不急于介入。

家长的言语告诫远没有孩子的亲身经历对孩子的影响更为深刻。其实我们可以顺由事情自然发展,让 A 承受自然结果。如果 A 拿了 B 的滑板车,B 很可能会生气,要求 A 还给他。这样,A 就会自己意识到行为的不妥,找到交友的界限和分寸。A 会明白,未经对方同意直接拿对方的东西是会被拒绝的。经历过这个小挫折以后,A 下次想要玩对方的玩具时,就会礼貌地问一下:"我可以玩你的滑板车吗?"在生命的早期,游戏对孩子很重要,孩子是在游戏中进行社会化发展的。

如果妈妈实在想指导一下 A 的社交技能,那么她可以选择在 A 产生矛盾并向妈妈求助的时候,再给予适当的点拨。教育孩子的时机很重要,只有当孩子认识到自己的错误并且自己想要改正的时候,父母的话才能发挥最佳效果。

让孩子接受自然后果在吃饭这件事情上尤其重要。如果孩子不吃饭,很多父母都会讲道理。但其实,我们可以尊重孩子的决定,让他承受饿肚子的结果。让孩子体会一下饥饿的感觉是有益的,因为在大自然中,动物的一日三餐都不固定,它们可能在进行第二顿捕食之前已经饿了几天了。只有人类是一日三餐固定时间吃饭,这也使得我们很少感受到饥饿。所以,让孩子适当地体验一下饥饿感,也是他们成长的一部分。

当孩子需要承担行为后果时,他们可能会感到痛苦。我们可以给予共情,理解他们的感受,而不是评判他们的行为或做出"事后诸葛亮"的评论。在这个过程中,应该让孩子的经历和情感体验占据主导地位。

当孩子感到一筹莫展时,我们可以帮助他们一起分析问题,并寻找解决问题的方法。在整个过程中,我们应该保持平静和充满爱意,避免惩罚或怪罪孩子。因为我们的处理方式,孩子都在默默观察和学习。当我们每次遇到问题都能专注于平和、积极地解决问题时,孩子也会逐渐习得这种技能。

3. 给孩子选择的权利和自由

曾有一位名人在回忆自己的儿童时代时,对母亲的一次举动表示难以忘怀。他提到,儿时自己曾想要一个玩具,但母亲却因此暴打了他一顿,这让他感到非常羞耻。他说:"她可以告诉我她没有钱,买不起,我想要个玩具有什么错?为什么要打我呢?"

有些父母听到孩子想买一个昂贵的玩具时,可能会觉得价格太高,可以向孩子表达这一点,并给出建议:"宝贝,这个玩具确实太贵了。我们可以等一个星期再来买吗?这个星期我们可以少吃点零食和冰淇淋,把钱省下来下次再来买。或者,我们也可以选择一个价格更合适的玩具。你觉得怎么处理比较好呢?"

父母拥有爱的能力非常重要。当我们把行为的选择权交给孩子,让其承受自然结果的时候,实际上我们也把责任放在了孩子的肩膀上。虽然,有时候这个自然结果可能会给孩子带来一些痛苦,但同时也给了孩子在痛苦中自我修复和成长的机会。

4.3 孩子没有自理能力?试试培养边界感

提升孩子自理能力的关键是培养边界感,让孩子对自己的物品全权负责。具体来说,就是不去随意触碰孩子的物品,这样他的逻辑思维会更加清晰。如果孩子的物品确实影响到了我们,可以与他进行沟通:"你这个东西影响到我了,需要你来收拾一下。如果你不收拾,我就把它放在某个地方了。"只要不影响到大人,孩子的物品就应由他自己负责管理。

> 以君君的玩具车为例:如果玩具车影响到了我们收拾桌子,我就会提醒他:"请把你的玩具车收拾一下哦,我要收桌子了。"如果他不收拾,我就告诉他:"我把你的玩具车放在了空气净化器旁边。"

如果大人未经同意就私自把孩子的东西转移到别处,而又没有告知孩子,那就等于剥夺了孩子对自己物品的控制权。

比如,君君的自行车明明停在花坛处,如果外婆在未告知的情况下把他的自行车移开,当他去取自行车时,发现自行车不在那儿了,他就会对自己的物品失去控制权。这种感觉非常不好,如果经常出现这种情况,让他感觉"我没法为自己的东西做主,我的东西由别人做主",那么他下次对自己的物品可能就不会再那么上心了。

所以,这也是提升自理能力和独立能力的关键。

我因为要写作,所以早上通常自己带君君,中午带让他去外婆家吃饭。吃好饭后,君君会在外婆家午睡,而我就利用这段时间看书写作。我发现每次君君去外婆家时,特别喜欢把东西乱丢。为什么呢?原来,每当君君把水枪往地上一放,外婆就会立刻收起来放好;当他把抱枕放在地垫上准备玩,一转身去拿其他东西时,外婆又会立马把抱枕归位。于是画面就变成了一个不停在动的小孩和一个不停跟在后面收拾的老人。

当外婆又想收起他的水枪时,我制止了她,并对外婆说:

"如果您想让他养成不乱扔东西、自己放好东西的习惯,那就不能去碰他的东西。只要这个东西放在这里不影响您,您就别去管它。"于是,水枪就"躺"在地上,一直等到君君发现这个水枪放在地上可能会影响别人时,他才会主动把它放好。

4.4 孩子总是给你甩烂摊子? 让他承受自然结果

小巫的《和孩子划清界限》中,曾提到一个故事,给我留下了深刻的印象,也给了我很多启发。

> 一对夫妇来看心理专家,他们有一个25岁的儿子。在父母眼里,这孩子从来都"不争气",孩子的问题从小时候就开始了。
>
> 在学校里待不下去,工作也保留不住,最近还染上了不少坏习惯。
>
> 很明显,这对父母非常爱他们的儿子,而儿子的生活习性让他们伤透了心。他们想尽一些办法让儿子改变,过上正常生活,但是无济于事。

自驱学习，松弛成长

他们告诉心理专家，他们对儿子从来都是有求必应。他上学的时候兜里有足够的钱，"这样他不必打工，而是有足够的时间学习和交往。"儿子因为成绩差而被学校勒令退学或者他不愿意上课时，爸爸妈妈就会帮他进入另外一所"更加适合他的"学校。

这时候心理专家告诉这对夫妇："他没有问题。他可以随心所欲，为所欲为，没有问题。你们付账，你们发愁，你们担忧，你们绞尽脑汁，你们让他继续这样下去。你们把他的问题接过来，他当然没有问题喽。本来应该是他的问题，现在成了你们的问题。你们是否愿意让我帮助你们，让他有点问题？"

"您这是什么意思？'帮他有点问题？'"母亲问。

"我认为解决的方案在于建立起明确的界限，从而让他的行为带给他问题而不是带给你们问题。"心理专家解释道。

"您说的'界限'是什么意思？"父亲问。

"打个比方吧，就好比他是你们的邻居，从来不给自己的草坪浇水，可是，每次你们打开自己的喷水龙头，他的草坪就会得到浇灌。他看着自己绿油油的草坪，心想，'我的院子维持得蛮好。'这就是你儿子的生活。他不学习、不工作、不思进取,但是他住着好房子,有足够的钱,享受着正常家庭成员一切的权利。

"所以,如果你们把地产的界限划得更加清楚,把你们的灌溉系统修理好,每次浇水的时候,水都流到你们自己的草坪上。如果他不浇水他的草坪就会干枯,尘土飞扬,这么一来,他会感到很不舒服。

"目前的状况是:他不负责任,却过得很开心;你们负责任,却过得很难受。划清疆界是解决问题的关键。你们需要筑起一道篱笆,把他的问题挡在他自己的院子里。"

知道我拥有什么,应该对什么负责,如果我知道我的院子从何处起始、在何处截止,我就可以在里边自由地活动,对我自己的生活负责任。

反之,如果我不"拥有"自己的生活,我的选择就会非常有限。就像假如有人告诉你,"竭力保护这块土地,你必须对在这片土地上发生的一切负责任",却不告诉你这块土地的边界,也不教给你保护土地的手段,你该有多么糊涂!这样做甚至是危险的。

良好的心理界限并非一堵冰冷的墙,将人与人生硬地隔绝开来。它更像是一道篱笆,既明确地划分出什么是属于我的,我应该对此负责,也清晰地标明什么不属于我,我不必对此承担责任。

就拿我们的情绪来说,我们必须拥有自己的情绪,并将其纳入我们的责任范围之内,而不是让别人的言行推着我们走。这与我们的传统观念存在着很大的冲突。

比如,我们习惯于认为别人"惹"我们生气,因此对方应该对此负责。这种想法实际上是将我们应该承担的责任推卸到别人身上,让别人来操控我们的情绪。事实上,我们生气与否完全是我们自己的选择。

当拒绝孩子的时候,我们能够坦然地接受孩子的反对、反抗和不同意见,我们能平静地对待他们的情绪,并温和地告诉他们:"我永远爱你,但是你不能这么做。""我知道你很生气,但是你还是得把别人的东西还回去。""我明白这是一个令人遗憾的情况,来,让我好好抱抱你。"等等。这样既坚定地表达了我们的爱,又明确地划定了界限,让他们学会如何处理与他人的分歧,并坦然面对挫败。

<u>心理界限建立得好的孩子,不怕他人说"不"</u>。他们能坦然地拒绝他人、提出分歧。为了培养孩子的自主性,请务必

重视与孩子之间的界限建立。这是孩子更好、更独立自主发展的前提。

4.5 运用自由选择法,让孩子自己管理自己

自由选择法是练习控制情绪的最佳手段:你可以选择发脾气,让事情变得更糟,并让孩子承受自然结果;也可以选择冷静下来,找到解决问题的方法。

每当孩子发脾气时,就让他对眼前发生的事情进行自由反应,自由选择行为的结果。

君君在三岁的时候,特别爱发脾气,一不顺心就要扔东西。有一次吃饭的时候,他因为奶奶给他夹了不爱吃的菜,把饭都倒在桌上,还把碗扔在地上。扔了碗之后,他还不解气,把家里一柜子的玩具全部弄到地上。

我没有阻止他,任由他发泄。然后,他哇哇大哭。我让他继续哭,大约哭了五分钟,他对我说:"妈妈,抱抱我。"我平静地抱了他一会儿。过了一会儿,我看他情绪彻底平

复下来了,便和他说:"哎呀,家里现在乱成这样了,都是玩具,怎么办?"

君君说:"都是我扔的,我刚刚太生气了!"

我说:"你可以跟我一起收拾吗?这样可以收拾得快一些。"

于是,我和他一起收拾了很久,大约半个小时后,终于收拾好了。

君君说:"妈妈,我以后不扔玩具了,我就是刚刚太生气了。"

我问:"那我们想个办法吧,下次你还生气怎么办?"

君君说:"那你就抱我,抓抓我的背吧,我就不生气了。"

从那以后,君君再也没有扔过东西。这就是让他承担自然结果,并自由选择处事方法的结果,能得到比较好的效果。

在孩子发脾气的时候,朝你扔笔,不尊重你,怎么办?

孩子不能以尊重的方式对待你,但是你能以尊重的方式对待自己。

《3~6岁的正面管教》一书中,有一位妈妈的处理问题方式令我印象深刻。她既尊重了自己,又以和善而坚定的方式达成了目标，最终使孩子悔悟并主动收拾了残局。

这位妈妈有一个对画画充满热情的儿子叫马蒂。有一次，她提醒马蒂收拾好画笔，但这却激怒了他，因为他还想继续画画。马蒂瞬间大怒，把画笔扔向了妈妈。妈妈虽然感到愤怒，但她选择尊重自己的感受，深吸了一口气，然后离开了现场，回到了自己的房间。

过了一会儿，马蒂的脾气开始平复，他主动去找妈妈。他爬上了妈妈的床，依偎在妈妈身边。这时，妈妈给了马蒂一个拥抱，并告诉他生气或愤怒都是正常的情绪，但是把东西砸向别人、做出伤害别人的举动是不对的。看着马蒂真诚的表情，妈妈知道他已经认识到了自己的错误。

接着，妈妈问马蒂是否需要她帮助一起收拾那些画笔。马蒂拥抱了妈妈，然后自己去收拾了画笔。如果妈妈当时大喊大叫或惩罚马蒂，他可能会因为害怕而暂时收起蜡笔，但内心的"怨气"迟早会在其他地方爆发。

而这位妈妈则选择走开，让自己不再成为靶子，从而尊重了自己的需要。然后，她用拥抱回报了马蒂，让他知道自己始终被爱。在马蒂得到情感需求并冷静下来之后，他再通过捡起蜡笔来作出了行为上的改正。

这个育儿过程中的事件处理,不仅解决了当下的问题,更是一次向孩子传授人生技能的机会。在这个具体的事件中,孩子学会了如何有效地处理自己强烈的情感。

4.6　好的养育方式,可以培养积极向上的孩子

强权型的管教式养育方式往往伴随着大量的内耗。有些父母倾向于严格控制孩子,导致孩子在没有父母批准的情况下不敢行动。同时,也有一些父母因为担心管不住孩子或怕孩子给自己添麻烦,所以更加严格地控制孩子,要求他们被动顺从。

然而,孩子的不良行为有时是对父母的反抗。这种反抗可能表现为激烈的反抗,也可能表现为消极隐蔽的反抗。

例如,有些教师子女在妈妈的严格监督下能考出好成绩,在妈妈最看重的大考前夕却会生病。这就是强权型教养方式的一种后果,它压制了孩子表达的权利,堵塞了孩子正常表达的渠道。孩子知道自己的声音不会被听到,表达无效,因此选择放弃表达,采用无声消极的方式来应对。

强权型的教养方式让孩子感到卑微,为了消除卑微感,

孩子可能会变得以自我为中心、不配合,并试图用破坏性的行为来证实自己的力量感。这不仅增加了心绪上的内耗,还不利于孩子发展自身的潜能。在孩子的发展过程中,一个宁静、没有内耗的环境对于让孩子心绪平和、专注于自身的发展至关重要。

实际上,孩子所有的不良行为都源自自信心的缺失和卑微感。换言之,他们越觉得自己属于这个家,就越愿意配合家人做建设性的事情,并表现出更强的责任心。

相比之下,能尊重孩子、平等对待孩子的教养方式更能打开孩子的心扉。它倡导倾听孩子的心声,通过商量的方式与孩子共同解决问题,让孩子感受到被尊重,进而提升他们的自我价值感。当孩子意识到自己是一个重要的人,被认可、被重视,并拥有归属感时,他们自然就不会与父母作对了。

判断孩子的某种行为是否会持续下去的标准之一,就是看它是否满足了孩子的以下需求:获得归属感、得到关注、感到自己的重要性。所以,我们应该让孩子感受到自己在家庭和学校中都是至关重要的一员,这样他们就不会调皮捣蛋了。在制订家庭计划和做决定时,提前征询孩子的意见,让他们感到自己被充分尊重。如果孩子的意见总是被否定,那么他们就只能通过破坏性行为来体验自己的重要性了。

我们无法强迫孩子做任何事,但我们可以邀请他们合作,陈述我们的意愿,并鼓励他们采取行动。然而,最终的决定权应该掌握在孩子手里。无论他们是否愿意合作,我们都应该尊重他们的决定。如果让他们按照我们的规定去做,即使孩子按照要求去做了,效率也不高。

任何人都不喜欢被控制。在合理的范围内,我们应该把决定权交给孩子,做"听话"的父母。这样,孩子会感到愉快,父母也会更加轻松。有些父母会容易陷入一个误区,就是过度重视让孩子做一些"有用"的事情,如看书、做作业等,而忽略了孩子喜爱的事情。长期被"有用的事情"填满,孩子会陷入不得不做的状态,失去精神上的自由,对未来就不再有期待,变得不主动,对什么都提不起兴趣。

4.7　尊重孩子的想法和选择,才能培养他的责任感

我们希望孩子听话,但任何时候的"言听计从"、不带思考的顺从并不合适。听话应当与独立思考相结合,这样才能培养出既符合社会规范又具备独立思想的孩子。当

第4章 责任感是内驱力的第二股力量

孩子拥有独立性时,他们也会自然而然地承担起责任感。而培养孩子独立思想的关键,就在于尊重他们的想法和选择。

孩子的"听话"只有与"正确的教导"相结合,才具有真正的意义。听话只是实现"正确教导"的途径之一,而非唯一目标。

实际上,年龄较小的孩子由于对外界的认识有限,更容易受到周围人的影响,处处依赖父母,这很容易让父母觉得他们什么都不懂。然而,从孩子出生起,他们就拥有独立的个性、爱好和需求。事实上,他们比父母想象中要优秀得多。

在君君四岁那年,我和他一起去金门小商品市场附近看电影。我不太认路,看完电影后竟然忘记了怎么回到原来停车的地方。一出电梯,我愣住了,因为眼前的环境与进来时完全不同。我告诉君君:"妈妈方向感不太好,现在找不到停车的地方了!"君君立刻接过我的话,说:"妈妈,那我们原路返回,再找到我们开始乘坐的那部电梯下去吧!"我当时非常惊讶,一个不到四岁的小孩,竟然能如此沉着冷静地想到这个解决方法,这真的出乎我的意料。

自驱学习，松弛成长

我们秉持着自然养育的心态，从尊重和平等的角度出发，与孩子进行"对话"，允许他们自由表达自己的想法，尊重他们的观点，并鼓励他们与父母进行交流。让他们在人格和思想上保持独立，这才是培养独立性的核心所在。如果我们仅仅关注表面现象，比如孩子能否自己背书包、自己穿衣服，就认为他们已经独立了，却不允许他们发出自己的声音，不给他们表达自己的机会，那么即使孩子的生活技能再出色，最终也可能只是随波逐流，"找不到自己"。

我们所期望的"听话"，是指孩子在理解了为什么必须执行某个命令之后，自愿接受并积极、努力地去执行。我们希望孩子们在任何时候都能做出有意义的选择，因为孩子的意志是具有主动性和创造性的。

著名的儿科医生崔玉涛曾经分享过他儿子的一个事例，这个事例充分体现了这种育儿理念。

在他儿子上小学二年级的时候，他的夫人便被老师传唤，原因是孩子不写作业，孩子直接跟老师说："我没写作业，因为都会了。"于是崔玉涛和儿子进行谈判，他的谈判论点是：作业是作为白天学习的知识的巩固练习，可以让知识掌握更牢固。儿子反击说："那些知识都会了，再写就

第4章 责任感是内驱力的第二股力量

是重复劳动,浪费时间。"崔玉涛的夫人的论点是:写作业是学生的职责,算是一条规矩,如果班上的同学都和你一样,都说自己会了,不写作业,那老师怎么管理这个班级?这确实是一个需要考虑的问题,人既然生活在这个社会大环境里,就是要照顾这个环境中的规则,不能影响别人,只有满足了这个前提,才能做自己。

于是,崔玉涛一家就顺着这个思路,最后研究出一个方案:如果孩子每次考试能得班级第一,那就可以继续不写作业,如果名次掉下来,就说明写作业还是有必要的。这样最起码也有个明确的规则,不能只靠一句"我会了"就搞特殊,老师也好管理。

第二天崔玉涛夫人就带着孩子与老师说了这个想法,老师很开明也同意了。于是,崔玉涛儿子就与老师达成了默契。从二年级到五年级,崔玉涛儿子经常不写作业,后来"不写作业"也是由儿子亲手画上了句号,原因是功课变难了,儿子自己觉得有必要每天靠作业来巩固一下了。

整个处理事情的过程中,如果崔玉涛一开始就站在老师这一方,回到家严厉训斥孩子,指责他不写作业的行为,并强行要求他必须写作业,孩子可能会勉强去写,但态度上会是不情愿的，写作业的质量也就可想而知了，整个学习生活也会因此失去欢乐。只有孩子心里真正认可的事情，他们才能做得好。只有在信任和自由的基础上，孩子才能更自律。自律从来都是在自由和信任的环境中诞生的，而在严加管教的他律环境中，是无法培养出自律的孩子的。

第 5 章

唤醒孩子的使命感，他的能量将不可限量

5.1 为什么要去上学

有一位名叫欧斯贝尔的学者，曾经进行过一项实验。在一所大学里，他把即将学习冶金学的学生分为两组。第一组从第一天开始就正式学习冶金学的内容。而第二组则先对"冶金学是什么样的学问及其意义"进行了概括性的说明，之后才进入正式的学习。结果，尽管第二组在起跑时慢了一步，但他们的最终成绩却比第一组好。

这个实验告诉我们，让孩子明白学习的本质和意义，对于他们在接下来的学习中的表现是非常有帮助的。

君君在上中班的时候，总是好奇地问我："妈妈，你为什么要去上班呢？而我为什么又要去上学呢？"

他之前也曾提出过类似的问题，甚至要求我不要去上班，希望我能在家陪伴他。

我之前是这样回答他的："妈妈上班，是为了让我们能够过上还算不错的生活，住在这个温馨的大房子里，衣食丰足。这些都是妈妈这份工作带来的。"然而，儿子听后沉默不语。现在他又提起了这个问题，显然我之前的回答并没有让他真正信服。他并不在乎大房子，他只希望我能够陪在他身边。

工作已经第十二年了，我愈发地热爱我的这份工作。每当我漫步在校园中，看着大课间操场上孩子们活泼的身影，看着他们吃饭时脸上沾着的饭渣，我的心中就会涌起一种幸福感。我发现，这份工作最让我留恋的其实是那些孩子们。我真心地爱着他们，热爱着这份工作，不仅仅是为了物质生活的体面和大房子。

想清楚之后，我认真地对君君说："妈妈的这份工作，确实能让我们过上不错的生活。但除了这些基本的物质保障之外，更重要的是它能实现妈妈的理想。妈妈喜欢孩子，喜欢在工作的时候教导他们，帮助他们成长为更好的人。和他们在一起，我感到非常幸福。所以，妈妈要去上班工作。"

诚实地面对真实的自我，尊重自己内心的想法，这比追求标准答案更为重要。

所以，当我们被问及为何工作和上学时，我们应根据自身的实际情况来回答。同时，我们需要明确两个关于上学的基本底层认知：

(1) 上学的基础功能是成长与发展：

尽管孩子们在家通过阅读书籍、电子绘本、网上教学以及参加兴趣班可以获得丰富的知识，但上学的基础功能远不止于此。它提供了一个全面的成长环境，让孩子们在获取知识的同时，培养各种能力，如思维能力、沟通能力、团队协作能力等。更重要的是，通过应试和取得好成绩，孩子们可以完成社会对人才的初步筛选，证明自己具备较强的学习能力，为未来踏入社会、被用人单位录用提供重要的参考依据。在生命的成长初期，孩子们通过学习知识来为自己的人生增值，而当他们具备工作能力后，则通过工作为社会创造价值。这是展现自己实力、让用人单位挑选得较为稳妥的方法，也是大部分人上学的一个重要目的。

（2）上学有助于结识志同道合的朋友：

学校是各类人才的汇聚地，同伴间的交往有助于孩子的身心健康。学校为孩子们提供了一个社交的平台，他们可以在这里找到志同道合的朋友，参加社团等，从而发展社交技能。有些孩子在大学时期就尝试自己创业，创业需要团队，需要一群志同道合且可靠的人，这时就需要学校的同伴资源。

另外，在优秀的大学里，你更有可能遇到杰出的人才。比如，比尔·盖茨当年就是与他的初中同学保罗·艾伦共同创立了微软。后来，他进入哈佛大学深造，并遇到了史蒂夫·鲍尔默。两人彼此欣赏，盖茨深知自己在管理方面的不足，而鲍尔默恰好具备出色的管理能力。于是，盖茨说服鲍尔默加入了微软。这个例子告诉我们，有时候，选择与谁同行，比单纯追求某个目标更为重要。

5.2 养志，激发其梦想

我曾听过一位学习非常努力的学生分享他的经历，他说："我每天完成作业后，还要学习一门乐器，我妈妈让我学的是长笛,并且要求我考级。这样,即使学业不成,至少还有一门技艺。"这番话听起来很实际,没有错,但如果孩子学习吹笛子仅仅是为了将来谋生,我们是否可以考虑将这份努力的意义提升到一个更高的层次呢?

更值得注意的是,这个孩子提到:"这个是妈妈说的"。那么,孩子自己对此有何想法呢?

每个人来到这个世界上,都会面临五个根本性的问题:"我是谁?""我想做什么?""我想怎么做?""我为什么要做?""我做得怎么样?"一个人越早开始思考这五个问题,他就越有可能拥有一个令自己满意的、卓越的人生。

因此,我们应该尽力引导孩子找到自己的人生目标,并以此方式来养育他们。我们应该激发孩子的使命感,让他们感受到内心的召唤:"我必须为这个世界做些什么。"让孩子关注做一件事的实际意义,而不仅仅是这件事能带来的额外待遇。这样,他们才能获得个人的满足感、心灵的宁静。

我们当然希望孩子能有选择地去做一些除了个人利益以外的崇高的事情。然而,有研究者对大学生的信仰和目标进行了调查,发现他们的价值观正在发生变化。这更凸显了引导孩子找到并追求自己人生目标的重要性。

在20世纪60年代,80%的大学生将"拥有有意义的人生"作为首要的价值观,而"实现财务自由"则远远排在后面。然而,如今的情况却发生了显著变化,有74%的大学生认为"实现财务自由"是最重要的,而"发展有意义的人生"则降到了第六位。

这一变化与成年人不断向孩子灌输就业焦虑,以及提前让孩子适应竞争环境的观念密切相关。但这种立场是悲观的。一旦孩子按照父母的要求去努力谋得一份稳定的职业,而如果这份工作并非他们内心的真正所向,他们便会立刻陷入迷茫,无法全身心投入,也无法永远对它保持忠诚。因为这样的选择并非出自内心的召唤,而仅仅是基于物质的需求。

因此,我们应该引导孩子关注努力背后的深层目标。例如,学习不仅仅是为了高考或获得一纸文凭,更是因为"我热爱学习",学习本身能让人感到满足、兴趣和快乐。

同时,我们也应该多分享自己的热爱和经历。当父母讲述自己如何被一部文学作品所感染,如何因此被激励而决定从事教育事业时,孩子会受到感染和激励。

如果家长的内心空泛麻木,没有什么可以滋养孩子的梦想,或者孩子本身没有什么梦想,那么他们的内心将是空虚的,成为所谓的"空心人"。我们要拓宽孩子的视野,帮助他们找到更有益于长远发展的东西。只有将目光投向远方的人,才能找到正确的道路。

在著名心理学家、斯坦福大学教育系教授威廉·戴蒙所著的《目标感》一书中,曾提到一个尊重孩子志向的故事,给我留下了深刻的印象。

> 一个11岁的女孩海瑟曾和父母在农场生活过一个月。在这一个月里,她细心照顾着小动物。当她意识到平时吃的肉都来源于动物以后,就产生了一个想法:她想要成为素食主义者。她对素食主义产生了浓厚的兴趣,并查阅了很多相关资料。当她把这个想法和母亲分享时,得到了母亲的支持与鼓励。
>
> 孩子坚持了几年的素食,父母也尊重着海瑟的选择。
>
> 海瑟对食物营养学产生了兴趣,并进行了素食方面的科学研究。后来在大学里,她也选择了与生物学相关的专业,并拿到了公共健康硕士学位。
>
> 尽管成年后的海瑟放弃了完全的素食主义,但是她对于普及健康食物的热情以及对小动物的爱,使她每天都充满激情地投入到工作中去。这份工作对她来说充满意义,因此她充满动力。

自驱学习，松弛成长

其实一开始，海瑟的父母也不知道素食主义会将海瑟引向何方，但是他们保持了开放的态度，给予孩子一切支持。海瑟的选择不仅仅是为了自己，更是为了她心爱的小动物。人的一生，得拥有除了自己以外的一些其他东西。

我想到一个朋友家的孩子不愿意去上学，孩子妈妈说："你不上学，就没有文凭，没有文凭就找不到工作，以后去扫大街吗？"孩子回应说："那我就去扫大街，扫大街也是劳动，劳动最光荣。"母亲顿时无言。

学习到底是为了什么？对于孩子来说，这样的引导显然是远远不够的。那么，有效的引导是什么样的呢？在这里，我想和大家分享一个亲子沟通的场景，这个场景引自威廉·戴蒙的《目标感》一书。

母亲："今天在学校过得怎样？"

孩子："说不上来，就那样吧。"

母亲："就没有什么有趣的事情吗？"

孩子："真的没有。"

母亲："听上去好像你觉得在学校里待着是浪费时间。"

孩子："也还好，我觉得还是学了些东西。"

母亲:"你学的哪些东西在你看来是重要的?"

孩子:"生物是很重要的。"

母亲:"为什么生物很重要?"

孩子:"我们上周看了一个关于动物和环境污染的电影。"

母亲:"动物和环境污染?"

孩子:"对,很多动物都因环境污染而濒临死亡,还有一些人因此得病,但一些工厂仍在往水里排污。"

母亲:"哦,我了解了。你对此有很多思考吗?"

孩子:"嗯,算是有吧。"

母亲:"为什么这件事在你看来很重要?"

孩子:"你知道我从小就一直喜欢动物。当我们养了查理(一只宠物)后,我就开始关心小动物了。"

母亲:"当然,我知道的。那有没有什么是你觉得可能有兴趣了解更多的?"

孩子:"你是说动物吗?"

母亲:"嗯,比如它们是如何受污染影响的,也许能在这方面做点儿什么。"

孩子:"我也想在这上面做点儿什么。"

母亲:"想做点儿什么呢?有没有什么想法?"

孩子:"我听说在阿拉斯加有一个环境治理计划,救了那里所有的狼群,那听上去很棒。"

母亲:"如果你对这件事情有持续的兴趣,你可以通过很多方式开展进一步的学习和了解,甚至将来可以找一个这方面的工作。"

孩子:"我估计这需要学习很多科学知识。"

母亲:"可能是需要的。你的数学和科学一直都学得不错。"

孩子:"还可以吧。我知道现在很多工作都需要用到数学和科学。"

母亲:"有一个专业叫环境科学,你上大学时可以学这个。"

孩子:"是的,我已经开始对做一些跟环境相关的事情感兴趣了,或许动物医学方面的工作也可以。"

母亲:"这些职业方向都不错,他们现在也需要很多优秀人才的加入。"

孩子:"这也是我在选择大学时要仔细了解的,看看这些领域有哪些事情可以做。"

母亲:"听上去你将来都会跟动物做朋友了,不管从事哪个领域。"

孩子:"嗯,我想将来要么照顾那些已经生病的动物,要么在源头上预防它们生病。"

母亲:"有道理。如果你愿意的话,就记住这一点,或许你可以申请一份暑期工作,看看做这类事情的真实情况是什么样的。"

孩子:"好的,我会问一下亨利先生(科学课老师)。"

母亲:"嗯,我们也会帮你问问身边的人。"

这个故事中的母亲的引导方式真是太棒了!我们可以为孩子提供指导,但这种指导应当围绕除自我之外更广阔的领域,立足于为社会、为这个世界做出积极贡献,围绕一种崇高的志向展开。这样,我们才能真正激励他们,点燃他们的内心之火!父母应当对孩子的选择给予充分的支持和鼓励。

5.3 借由热忱,找出使命感

如果我们能尊重并觉察到孩子内心的热爱,给予他们适当的支持,让他们从事自己真心热爱的事情,那么孩子就会充满动力。

著名漫画家蔡志忠的一生就是对此的最佳诠释。他至今已出版了300多本书。当被问及是否觉得这个过程很辛苦时,他笑道:"我一点都不觉得辛苦。我每天只睡四个小时,但对我来说,这都是在玩,因为我在做我喜欢的事情,怎么会觉得辛苦呢?"

他曾描述过自己的创作状态:"平常我天黑就睡觉,子夜一点起床,站在窗口边喝咖啡,边对着星空冥想思考……当我们的焦点完全处于自己所热爱的事务上,又能很快完成时,那种万籁俱寂,只能听到笔在纸上'沙沙'作响和自己的心跳声的感觉,就像是全宇宙唯有自己一人存在。这种时候,一股莫名的至乐会从头部缓缓传递至全身,舒畅得犹如一股甜蜜的水流缓缓流过身躯。这种美好的感受,除非自己亲身经历,否则难以用语言文字跟别人交流。每逢这种情境,我常会不由自主地赞叹:生命真是美好。"

从2015年至2016年,他写了29本书。他对每一部作品都倾注了心血,但创作过程对他来说却如同享受。他的

第 5 章 唤醒孩子的使命感,他的能量将不可限量

作品已被翻译成 26 种语言,传播到 59 个国家和地区,阅读人数上亿。

当被问到对当下社会中普遍存在的"过度养育"现象有什么看法时,蔡志忠回忆说,当他决定画漫画并告诉父亲时,父亲只是简单地说:"那就去吧。"这四个字给了他莫大的支持和鼓励。多年后,打拼成功的蔡志忠获得了台湾地区十大杰出青年奖。在致辞时,他感激地说:"今天能得这个奖完全要感谢我的爸爸。他没让我去读数学补习班、英文补习班,也没要我去替他完成一生未完成的愿望,而是让我选择做自己……他所能教的便是跌倒要自己爬起来的独立与再接再厉的勇气。因为父亲的支持,让我有机会选择自己最喜欢、最拿手的漫画作为职业,完成梦想……我出版了 300 多本书,把东方文化传播到了西方。很多人都说我很努力很认真,但其实我只是把热爱的事情做到了极致。"

从中我们可以看到,内驱力的源头正是源于热爱。当父母敢于放手,支持孩子追求他们的热爱时,孩子便拥有了无穷的内驱力。他们做自己热爱的事情,体验着生命的美好。

大家可以试着紧闭双眼,张开双脚与肩同宽,把手臂打开,手心相对,想象两手之间似乎抱有一个能量球。然后,把自己要做的事情放进这个能量球中。你会发现,当放入不同的事情时,能量球会有不同的反应。比如,当我把"想成为一个科学老师"的想法放进去时,我感受到能量球的萎缩;而当我把"想成为家庭教育导师"这个梦想放进去时,能量球却膨胀了。

心理学家温尼科特曾说过,每个人都是一个能量炮。如果我们能找到让孩子的能量炮充分伸展的事情,并为他们提供一个宽容的环境以给予支持,那么孩子就能发展出良好的自我,他们的一生都将因此幸福无比。

一个孩子的主要诉求,是在婴幼儿期得到满足,以及在儿童期能够自由探索而不被评判和打扰。在这个时候,抚养者最明智的做法就是不去打扰他,不要按照自己的想法去塑造他。有些父母在无意识状态下扭曲了孩子的现实感受,他们习惯性要求孩子按照自己的意愿来思考和感受,从而阻止了孩子信任自己、表达自己。正如心理学家罗杰斯所说:"只要有一个安全、自由、充满人性的心理环境,所有人固有的优异潜质都能自动得以实现。"

如果一个孩子对任何事物都显得无兴趣,总是被动地接受安排,这其实是一个值得担忧的信号。因为,那些日后有所成就的人,在小时候往往都是充满好奇、喜爱探索的。所谓的"贪玩儿",其实是对某种事物充满热情和兴趣的表现。而一个被父母过度管教和干涉的孩子,可能会感到压抑和窒息。这样的孩子,虽然背负着父母的期望,可能会表现出焦虑和努力,甚至在某些方面表现得很优秀,但由于他们无法做到身心合一,缺乏内在的动力和热情,因此往往难以达到卓越的境界。

5.4 借由使命感,助力孩子稳定情绪

我爱人曾有一段时间感到非常苦恼,他发现君君的情绪波动很大,容易发脾气。于是,他决定对儿子的这种行为进行纠正。有一次,君君在连续几次射门都未能将球射入 100 分的球洞后,看到爸爸却连续几次都成功射门,他顿时发起了脾气,觉得自己输给了爸爸,心情糟糕透顶,不禁哭了起来。这时,爸爸对君君说:"输了就输了吧,有什么好哭的。"

> 君君才五岁,但他已经立志成为一名足球运动员。当听到爸爸这样说时,他哭得更加厉害了,甚至开始捶打爸爸。爸爸见状,强行将他抱到桌子上,大声命令道:"停下来,现在深呼吸,深呼吸,再深呼吸。"
>
> 这次,君君暂时止住了哭声。爸爸觉得这个方法很奏效。
>
> 然而,当下一次踢球时,君君再次因为踢不过爸爸而哭泣。爸爸又开始用同样的方式制止他,并在训斥之下,君君暂时平静了下来。
>
> 这样的场景在家里多次上演。

为什么会这样呢?当一个因为输球而气急败坏的孩子在发脾气时,如果被人为地制止、训斥,甚至被贴上"脾气不好""情绪稳定性差"等标签,他会感到非常糟糕。他会产生这样的自我认知:我是个情绪控制能力很差的人,我是个情绪不稳定的人,我没有自控能力。一旦我们让孩子产生这样的感受,他就会形成这样的观念:我的情绪无法自控,每次发脾气,都必须有爸妈的控制才能制止我。这样的行为模式逐渐成了习惯,导致形成一个恶性循环。

我们下来看一下几位情绪稳定的历史名人。

第 5 章 唤醒孩子的使命感,他的能量将不可限量

> 苏格拉底有一位泼辣的悍妻,名叫占西比(Xanthippe)。占西比在当时整个雅典都非常出名,以至于在英语中,"Xanthippe"一词成为了"泼妇"的代名词。这位悍妇给苏格拉底制造了不少麻烦,但也激发了他很多的灵感。
>
> 苏格拉底经常在挨了占西比一顿责骂后,走出屋子,要么去人声鼎沸的雅典市场,要么找个寂静的地方思考人生。有一次,在太太发完脾气之后,他打算出门清静一下,刚跨出门外一步,他的悍妻就从窗口倒下一桶水,淋得他浑身湿透。邻居们都在看着他,他却毫无愠色,自我解嘲地说:"雷声过后,必然雨下来了。"于是便泰然自若地走向雅典市场。

胡适在《容忍与自由》一书中,也充分阐明了自己的观点,容忍能让自己获得更多的自由。

> 胡适有一位悍妻,名叫江冬秀。有一次,胡适想与其离婚,江冬秀火冒三丈,怒气冲天,"嗖"地一下,一把裁纸刀飞了过来……
>
> "不如我先杀了我的儿子,再自尽吧!"她一脸同归于尽的态度。

"就让我们娘儿俩死给你看。"胡适经过此次婚变事件,算是真正认识了自己的枕边人。

于是决意与江冬秀好好过日子,晚年还写了男人的"三从四德",并大力推广"怕老婆"的理念。

胡适的"三从四德"如下:

三从:一、太太出门要跟从;二、太太命令要服从;三、太太说错话要盲从。

四德:一、太太化妆要等得;二、太太生日要记得;三、太太打骂要忍得;四、太太花钱要舍得。

胡适觉得,容忍自己的妻子能获得家庭的安宁,妻子也为他照顾好了老母亲和孩子,这样他便能专心发展自己最爱的学术事业了。如果胡适因为妻子的暴怒而生气回击,家庭内部就会陷入无休无止的内耗,他便很难在学术上有所造诣。

美国总统林肯的妻子,也是一个"蛮妇"。婚姻生活令林肯感到难过,他曾在给朋友的信件中写道:"我是世界上活着的人中最不幸的一个,如果我把所感受到的痛苦平均分给地球上的每一个家庭,那么地球上将不会有一个面带

第5章 唤醒孩子的使命感，他的能量将不可限量

笑容的人。"由此可见妻子给他带来的困扰。有一次，林肯正在看报纸，玛丽突然无故发怒，抬手将热咖啡泼到了林肯的头上。林肯沉默了一会儿，然后说："这场雨挺醇香，挺有温度呵。"

如果他也给予妻子反击，那么反击带来的无休止的争闹将打乱林肯的心绪，进而影响他的仕途。

这些历史名人每天都面对着情绪极其不稳定的伴侣，但他们却能平和对待。为什么呢？是因为他们的观念，他们有更大的使命。

当遇到糟心的事情时，每个人都会感觉难受。但是，面对这种难受，你有什么观念和想法，将决定你的行为。当心中充满使命感时，你便会大事化小，用自嘲的方式来减少自己内心的波动，于是就会显得"情绪平和"。纵观那些有能力的领导人或创业者，他们都是冷静且情绪平和之人。

有一个命运方程式：感受→观念→行为→习惯→性格→命运。

也就是说，如果你想要改变一个人的行为，你需要改变他对这个行为的观念。而改变观念，得从改变感受开始。

君君发脾气时也是如此。当他打球输了，技不如人时，

他会发脾气、扔东西,甚至歇斯底里地哭泣。此时,我们只需做好他的情绪容器,让他与自己的感受共处,相信孩子有自省的能力。当他发现自己因歇斯底里地扔东西而导致东西损坏,力气也耗尽了大半,无法继续踢球,并且因为情绪不佳而与爸爸吵架,增加了内耗,使得心绪无法宁静,踢球更不能专心时,这种糟糕的感受会让他产生这样的观念:发脾气之后,我更难实现自己成为足球运动员的梦想了,因为发完脾气,爸爸也不陪我踢球了,我的力气也用光了。所以,下次还是不要发脾气了吧。

如果他不发脾气,但仍然感到很难过,那他会自己想办法处理。他可以大哭一场,找个地方发泄一通,找到一种不影响他人且能让自己情绪迅速平复的方法,然后便能接着练习了。于是,一个情绪稳定的孩子就这样逐渐成长起来了。

所以,如果你试图改变一个人的行为,但不去改变这个人的思维认知,那就太难了。因为一个人的行为如果持续的话,就会养成习惯。而习惯一旦养成,要改变就会非常困难。那我们要怎么做呢?先从改变孩子的思维认知开始。

我们来看一个经典的故事:

第5章 唤醒孩子的使命感，他的能量将不可限量

美国有一位富翁走在街上，看到路边有一个乞丐在讨饭。他想，这个乞丐讨饭一定是没钱了，如果给他钱，他是不是就不会再讨饭了？这个时候，他刚好和一位心理学家走在一起。他就跟心理学家说："你看这个人在讨饭，我如果给他一千美金，他一定就不讨饭了。"心理学家说："那不一定。你给他一千美金的话，他有可能还会接着讨。"富翁说："我不信。不如我们来做个实验。"

于是，这个富翁就走到乞丐面前说："我给你一千美金，你还会乞讨吗？"乞丐看着富翁说："如果你给我一千美金，以后我就买个摩托车去要饭，速度更快。"富翁想：是不是一千美金太少了？我给他一万美金看他还怎么样。于是他就狠心说："我给你一万美金，你还乞讨吗？"乞丐也狠狠地说："如果你给我一万美金的话，我就买一部车，我开着车去要饭。"富翁很生气，他又想了一招，说："我给你一百万美金，让你一辈子衣食无忧，你还要乞讨吗？"谁知这个乞丐却说："如果你给我一百万美金的话，我会雇二十个打手把全城的乞丐赶走，就我一个人在这城市乞讨。"富翁听完差点当场晕倒。

心理学家说："一个人的思维如果不改变，只是想通过

行为来改变他的行为，太难了。因为在他的行为背后，已经有一个根深蒂固的思维在指挥着他，在主导着他的行为。只有让他的思维发生改变，这个人的行为才会迅速改变。"

接下来，心理学家走到乞丐面前说："乞丐先生，我知道你并不想在这讨饭。"乞丐立刻说："那当然了，谁愿意坐在路边讨饭啊？每天日晒雨淋的。"心理学家说："我知道你愿意有一个体面的工作。"乞丐说："我当然愿意有个体面的工作。可是没有办法，我失业了，也没有什么特别的手艺，我只能乞讨。"心理学家说："你在过去工作的时候，一定是有一技之长的。"乞丐就讲起自己过去是个电工，后来企业把自己辞退了，找了很多工作却处处碰壁；最后不得已只好做了乞丐。

心理学家说："如果我给你提供一份工作，让你把电工这个技能发挥出来，而且每个月给一千美金，保证你的生活，你愿意干吗？""如果有这样的机会我当然愿意干，我可不愿意整日地在这里乞讨，既没面子也没有稳定的收入。"心理学家就说："我现在预付你一千美金，你现在就开始去做这件工作好吗？"乞丐拿了一千美金，高兴地说："行了，

第5章 唤醒孩子的使命感,他的能量将不可限量

我从今天开始再也不用做乞丐了,我要重新开始我的新生活了。"

那个富翁大吃一惊,对心理学家说:"你一千美金就可以把一个人的行为改变了,而我用百万美金却做不到。"心理学家说了一句话:"我并没有改变乞丐的行为,是乞丐自己改变了他的行为。我只是让他的思维认知发生了一个变化。"

心理学家巧妙地刺激了乞丐的得失心。乞丐开始为自己考虑,一种是收入不稳定的乞丐生活,另一种是固定的、体面的、拥有1 000美金薪资的生活。他觉得第二种生活对他更有利,正是这个新的认知才让他产生了行为的变化。

李笑来曾提到,自己每日会花较多的时间陪伴太太,因为一个家庭里面,太太最能影响家里的情绪氛围。如果家中情绪不宁,他便无法安心投资、写作和思考。他需要一个和谐的家庭关系来稳定后方,从而让自己在事业上拥有更强的战斗力。因此,他很注意控制自己的情绪,尽量不和太太发生争吵。

这就是对自己情绪不稳定可能造成后果的深刻认知。

君君也有成为优秀足球员的梦想(尽管这可能是暂时

的,但他的梦想仍然值得被尊重与支持)。我和君君爸爸决定改善他的思维认知。

> 妈妈:"君君,你刚刚踢球没踢进球门,你感到难过了,对吗?你觉得是爸爸影响了你的发挥,所以对爸爸生气发火了,对吗?"(先给予孩子共情与理解)
>
> 君君:"嗯,是的。"(当你充分认可他的感受,让他感受到被理解,他的情绪就会平复下来。)
>
> 妈妈:"你刚刚情急之下,把球扔到了爸爸身上,爸爸现在不愿意再给你计分了,也不愿意再陪你练球了。"(这里需要停一下,让孩子思考并感受自己的行为带来的后果。)
>
> 妈妈:"而且,当你耗尽力气发脾气的时候,你感觉自己体力是比之前更充沛了还是有点累了?"
>
> 君君:"发脾气大哭,浪费了我的力气,我感觉现在没力气踢球了。"
>
> 妈妈:"那你发完脾气后,现在爸爸也不给你计分了,你自己的力气也耗损了。你觉得你还能继续踢球吗?你离成为足球运动员的梦想是更近了还是更远了?"(让孩子自己权衡利弊,感受自己因为发脾气而导致的后果。)
>
> 君君:"踢不动球了,也没人陪我练球了。"

当他产生"练球后发脾气对自己不利"的观念和想法以后,他的冲动行为才会从根本上有所改善。我们不是在行为层面暂时控制或阻断孩子的发脾气的冲动行为,而是帮助他从根本上改变认知和观念。

5.5　用美好愿景,升华努力的深层意义

有些父母认为需要增强孩子做家务的能力,担心孩子如果不会做家务,将来可能缺乏生活自理能力。因此,他们在晾衣服时会特意叫孩子来帮忙,让孩子学习如何晾衣服;在擦窗户时,也会要求孩子一起参与,教他擦窗户的方法。

君君五岁的时候,有一次想让我陪他一起睡觉。我跟他说:"妈妈还得收拾一下家里,玩具有点乱,桌上的锅碗瓢盆也还没洗呢。"君君听了后说:"那我和你一起整理吧,整理好了我们一起睡觉。"

说着,君君就开始分配任务了。他决定自己负责整理积木和巧虎小剧场。他把巧虎小剧场的道具都放进了收纳袋,把自己最喜欢的几个人物角色摆在了外面。接着,他又一张一张地把巧虎游戏机的卡片都收纳进了盒子。在这之前,他

从未主动整理过玩具,我也没有要求过他这么做。

原来,他早就具备了整理的能力,只是之前缺乏一个动机。当他想要早点和妈妈睡觉时,就迅速地整理好了玩具。他整理得非常整齐,特别是剧场人物的摆放特别可爱,这些都体现了他对自己玩具的热爱。

如果只是机械性地要求孩子叠衣服、晾衣服,虽然表面上孩子做了这些事情,但由于缺乏意义性和动机,孩子可能只是动作更加娴熟,并没有激发他下次再叠衣服的动力。

然而,如果孩子热爱生活,希望拥有更整洁、更清爽的人生体验,他就会自然而然地把衣服整理好,把摆台摆放得美观大方。我们来想想,做家务是为了什么?

做家务是为了创造更美好的生活。心中充满对美好生活向往的人,自然能把家里整理得井井有条。

因此,我们只需激发孩子对生活的热爱。当他们拥有自己渴望的理想生活时,做家务便会成为一种自然而然的习惯。家务事并不需要刻意去教,我们只需引导孩子去激发对美的追求,对美好生活的向往。如果暂时不知道如何激发孩子对美好生活的向往,那就先从自己的生活做起,把自己的生活营造得美好,把自己的物品整理得整整齐齐,先让自己享受生活的美好吧。

5.6　信任孩子——激发良善举动的法宝

在《夏山学校》这本书中,有则故事给我留下了深刻的印象:

> 四五十年前,有位学者进行了一项实验。他从伦敦的法庭里带出了一批难以管教的孩子,其中包括反社会的、暴力的,以及以盗窃为乐的青少年。这些孩子被带到了一个学校。在这个学校里,老师们成立了一个以爱和信任为核心理念的自治管教小组。慢慢地,这些孩子都变成了正直、诚实的人。
>
> 其中,有位叫莱恩的学者坚信,对少年犯们付出爱与理解能够治愈他们。他总是能敏锐地察觉到少年犯行为背后的动机,并相信每个罪案背后都隐藏着一个良好的愿望。他认为,要去除一种不好的社会特质,就一定要让孩子的愿望得到满足。
>
> 他举了个例子来说明这一点:有一个少年说自己很生气,想把桌上的茶杯和碟子都打破。于是,莱恩就递给他

一把火钳,让他发泄了一顿。第二天,这个少年找到莱恩,说他想找一个赚钱的工作,因为"我想要赔偿那些碟子"。在少年的生命中,这是他第一次得到权威的信任和支持,被允许通过打破碟子来发泄愤怒。

莱恩还讲述过他寻访一位少年犯的经历。他给了少年一英镑,替他支付了前往邻镇的车费,并确信孩子会把剩下的钱拿回来。结果,孩子真的如他所料,把剩余的钱还给了他。

孩子的行为往往受到周围人看法的影响。信任的力量远胜过训斥和打骂。

君君五岁的时候,有一次想去浪浪家玩。我把他送到浪浪家以后,浪浪妈妈说她中午有事要出去。于是,我和两个小朋友说:"那你们早上在这边玩,中午来君君奶奶家吃午饭,好吗?"两个小朋友都同意了。我接着说:"那你们11:30到君君奶奶家哦,我们约好了,需要我再打电话提醒吗?"两个小朋友表示不需要。然后我就去工作了,转眼就到中午了,我也到了婆婆家。

十一点半到了,两个小朋友还没来,我婆婆有点着急,

> 便说:"我去那幢楼提醒他们。"我示意她不用,因为小孩子对时间的感知不强,动作也不快。他们可能玩到11:30才想着要过来,手里可能还要拿个玩具,再从那一幢楼跑到这一幢楼,是需要一些时间的。我和君君奶奶说:"我们等15分钟,因为已经和他们说好了,他们会来的。"果然,11:45他们过来了,每人手里还各拿了玩具。

这再次证明了,真正的良善行为是在充满爱与信任的环境中滋生出的自觉行为。教养孩子最重要的是你必须相信自己的孩子是好孩子。

5.7 慎用惩罚,让孩子为正确的理由去做事情

经常被惩罚的孩子,可能会因为持续的负面情绪和精神压力,而一辈子缺乏活力。

也有些孩子会选择反抗,他们将大量的能量用于反抗父母的权威,因此没有足够的能量来发展自我。

有些父母会陷入惩罚的无助之中:"我尝试过奖励、讲过

道理,打过他、也骂过他,甚至罚他不写完作业不准睡觉、不准吃饭,但他宁愿不吃饭不睡觉也不写作业,我真是不知道该怎么教育他了。"很多时候,惩罚会使得孩子变得越来越"叛逆"。

我一直都是反对惩罚的。我们要引导孩子为了正确的理由去做事,而不是为了逃避惩罚。不应只关注孩子的行为问题,而应关注行为背后的原因。

> 以我们小区的火火为例,他经常无缘无故地打人,比如突然冲上来对我的后背捶上三拳。火火妈妈曾告诉我,她因为火火打了我而严厉地惩罚了他,之前也因为同样的原因严惩过他。严惩之后,火火确实收敛了一阵子,但随后又开始打人了。火火打人行为的暂时停止只是因为害怕惩罚,当他觉得妈妈不会再惩罚他了,便又开始时不时地打人。

我们应该引导孩子为了正确的理由去做事,比如告诉他们无缘无故打人是不友善的恶劣行为,这种行为是不好的。作为一个好孩子,是不会去随意打人的。

另外,火火妈妈用惩罚来制止火火打人的行为注定会失败。她去打火火来告诫他这个行为是错误的,但这本身就告诉火火"妈妈可以打人"。既然妈妈可以打人,为什么火火就不能打了呢?

当孩子养成了为了讨好父母或者规避惩罚而做事的习惯以后,父母每次可能只能赢得"小战役",但却失去了更大的教育成果,并且面临没完没了的管教任务。为了正确的理由去做事,应该成为孩子品格的一部分。那些仅仅因为外在命令而做出来的行为,实际上是为了父母而做的,所以责任也应该由父母承担。

父母应该帮助孩子成为一个可爱的人,让孩子为了正确的理由去做事,而不是因为害怕惩罚,或者被逼迫、被教育去做事。

5.8 使命感与生俱来,鼓励孩子自己解决问题

好的父母懂得设立清晰的界限,同时信任孩子有能力自行解决问题。

许多父母常常想提升孩子的抗挫能力,认为需要特意"制造"挫折。但实际上,挫折教育无须刻意营造,它自然而然地蕴含在日常生活的每一个细节之中。

有个七岁的孩子需要上网课并录制视频,而父母恰好不在家,但家里安装了摄像头。这个孩子在背诵"一年之计在于春"这句话时遇到了困难,他反复尝试,说成"一年之计在于晨""一天之计""一计",尝试了七八次都未能成功。他录了又删,删了又重录,最后崩溃大哭,边哭边喊:"我再也不想上小学了!"然后他跑出去看父母是否回来,发现他们还没回来。但他没有放弃,哭了一会儿后,情绪逐渐平复,又重新开始录课,并最终成功了。

回想我自己小时候,也有类似经历。

我是到了五年级才开始学习英语的。记得刚开始的时候,老师让我们背单词,有一个很简单的单词"it",我的发音就是不准,怎么也模仿不了磁带里的发音。我练习了几十遍,还是达不到标准,于是崩溃大哭,躺在床上边哭边喊:"我学不了英语,我对学习英语没有天赋,已经念了100遍了,还是不标准。"哭着哭着,我就睡着了。

第二天情绪平复后,我清晨起来继续练习发音,吃早餐的时候也在念,上学路上更是一路念个不停,甚至到了学校上厕所的时候还在念。估计念了两三百遍后,我的发

第5章 唤醒孩子的使命感,他的能量将不可限量

音终于标准了,老师还在课堂上表扬了我,说我的发音和磁带里几乎一模一样。

后来,我们又学了更难的单词,其中给我印象最深的是"冰箱"这个词,叫作"refrigerator"。这个单词不仅发音很难,而且记忆起来也超级难。我为了这个单词重复练习了两个多小时,就背这一个单词。我知道自己不擅长记忆,更擅长的是逻辑分析。但是,难道因为不擅长就不学了吗?我捧着英语书的最后一页单词表,在我爸妈的店门口学习,看着来来往往的人群,心中无比悲伤。然后,我把书扔在地上,就去吃晚饭了。吃好晚饭后,感觉不那么悲伤了,我又把书捡了起来,用橡皮擦干净,继续背诵。

周末的时候,我去新华书店寻找一些增强记忆的方法。我记得一个很有效的学习英语的方法就是每天花五分钟记忆一遍,这比一周集中两个小时学习英语的效果要好很多。于是,我便给自己设定了每天早上五分钟学习英语的目标。第一个学期,我的英语成绩便成了全班第一,上了初中以后,每次英语考试都是年级第一。

其实,我是非常不擅长记忆的,学习过程中也有很多郁闷的时候。但是我的父母信任我,相信我能克服困难。这些潜意识的信任给了我很大的力量,让我闯过一关又一关。

在经历受挫、然后振作、重整旗鼓的过程中,情绪的平复起着至关重要的作用。情绪与头脑紧密相连,一旦情绪得到平复,头脑自然会更加清醒,从而能够想到解决问题的方法。

然而,有些家长在孩子学习受挫、表示不想继续学习的时候,不是给予支持和鼓励,反而对孩子进行训斥。这样做只会让孩子的情绪更加糟糕,进而影响其智商的发挥。

因此,好的父母应该像容器一样,接纳并理解孩子的负面情绪,给予他们无声的支持,鼓励他们自己寻找解决问题的方法。

第6章

社会压力推着孩子往前跑

6.1 从底层人性,保护孩子的内驱力

其实,孩子天生就拥有自我驱动力,并且很享受由此带来的成就感。为什么孩子天生就有这种能推动自己前进的内在动力呢?首先,我们需要了解最原始的驱动力是如何产生的。

这里先给大家分享朋友圈里一位妈妈的经历。她的女儿今年二年级,年年被评为三好学生,兴趣广泛,学什么都能学得很好。孩子对自己的评价是:"谁让我这么好呢!"这就是她的自我认知。

让我们回忆一下,在我们很小的时候,是否曾经觉得自己是宇宙的中心,觉得自己非常了不起,别人的存在仿佛只

自驱学习，松弛成长

是为了衬托自己？

> 抱着重在参与的打酱油心态，结果闯完四关，即将进入第五轮比赛。前几天比赛结束问小妞："我觉得你蛮辛苦的，你觉得呢？"她回我："是有点辛苦，不过没办法，谁让我这么好，总是晋级呢！"是啊，希望她晋级，能接受更多的挑战，以赛促学；又希望她止步于此，这样稍微轻松一些😄

当孩子刚出生时，家人都围绕着他转，有什么好吃好喝的第一口都要留给孩子，好东西都要优先给孩子。这样的待遇无疑加强了孩子的优越感和特殊性。

大家想想，有时候你的一句不经意的话是不是就能点燃孩子的怒火？因为他觉得你打破了他作为"宇宙中心"的完美人设。在五六岁这个阶段，孩子会感觉自己高人一等，并且很享受这种感觉，珍惜这种地位。

> 君君在五岁的时候，下棋时总能赢奶奶，因为奶奶确实不怎么会下棋。每次赢了，他都会得意地说："我厉害吧。"然后奶奶又会和他下第二盘，他有时还会再补上一句："这可难不倒我君君。"
>
> 我是个棋类爱好者，他下不过我。只要感觉自己快输

> 了,他就会耍赖,比如移动棋子,或者自己一下走两步,想尽一切办法要赢我。当最终意识到自己还是输了的时候,他就会用拳头捶打眼前这个打破他"宇宙第一"幻觉的对象,或者大哭起来。

这时候,很多父母会试图去说理,强制让孩子接受自己会失败的事实。然而,孩子们的反应却各不相同:有些孩子会接受,而有些孩子则会反抗。这是因为接受失败意味着要打破他们心中的完美人设——"我厉害吧"。

皮亚杰将儿童的道德品质发展划分为四个阶段:(1)前道德阶段(2~5岁),也称为自我中心阶段;(2)权威阶段(5~8岁),又称他律道德阶段;(3)可逆性阶段(9~11岁),又称自律道德阶段;(4)公正阶段(11岁以后)。皮亚杰认为,5岁以前的儿童尚未能将自己与外在环境区分开来,而是将外在环境视为自身的一部分,他们通常以"自我为中心"的方式来思考问题。

当一位妈妈下班后感到很累,妈妈要求孩子自己找点吃的喝的时,孩子却非要妈妈给他下面条。这时,妈妈可能会因情绪失控而斥责孩子:"我还有其他事情要做,就你最重要,世界都围着你转啊!"这样的话语实际上是家长情绪的发泄,但对孩子而言,其杀伤力是巨大的。

在孩子的生命早期,他们的心理尚未成熟,常常觉得自己是特殊的存在。这种特殊感会成为他们的一股原始动力。因此,父母不应过早地打破孩子的这种特殊感,而是应该允许他们在与他人的相处中,通过实际的社交体验,自觉地感受到相处的边界。这样,在与现实生活的碰撞中,孩子会慢慢建立起自己与他人的边界。

如果母亲确实很累,她可以选择表达自己的感受:"孩子,妈妈知道你很想吃面条,可是我现在身体有点难受,实在没力气给你做了。"这样的表达方式既传达了母亲的无力感,又没有训斥或贬低孩子。因为训斥或贬低会严重伤害孩子的自尊,使孩子觉得自己没有价值。一旦孩子觉得自己没有价值,他们也会觉得自己的时间和身体没有价值,从而可能陷入自我放纵,不再珍惜时间。

有些父母会说,孩子明明做错了事,比如明明从他的裤兜里发现了其他同学的橡皮,可他就是不承认。这时,他们可能会焦急地对孩子说:"这个橡皮不是你的,是谁的?是***的吗?老师都说有同学看到你拿了,你为什么不承认呢?"然而,孩子可能仍然固执地不承认,因为他一旦认错,就会立刻意识到自己在他人眼中的形象受损。这就是我们经常跟家长强调的,一定要把孩子的具体行为和对他整体人格的评价分开来看。

孩子的每件事情处理得是否得当,很大程度上取决于父母的智慧。我们应该尽力维护好孩子"是个好孩子"的自我认知,保护好他的面子。比如,可以这样说:"妈妈刚刚看到你口袋里有几块橡皮,但我相信你不会随便拿别人的东西,因为你是个好孩子。明天去把橡皮还给人家,好吗?"这样的处理方式,既指出了孩子的错误行为,又维护了他的自尊和正面形象。

我们判断孩子是在撒谎还是仅仅在吹牛,以及是否需要严惩或是维护,这都要看他的动机。如果他是出于想要维护自己正面形象的目的,那我们就不要轻易戳破,而是直接给予他行为方面的正向指导。同时,我们也要避免过度教育,不要轻易给孩子贴上"偷"这样负性极强的标签。

浪浪是个非常独立自主的孩子,自己的事情总是自己做。有一次,我去浪浪家,浪浪想吃草莓,就跟他妈妈说:"妈妈,我想吃草莓,你可以帮我洗一下吗?"浪浪妈妈回答:"我现在有一件棘手的事情需要和阿姨处理,大约要半个小时。半个小时以后我才能帮你洗,或者你可以自己去洗。"于是,浪浪就自己去洗了。不一会儿,他就把草莓叶都摘了,把草莓都用水冲过了。浪浪妈妈当着我的面夸奖他说:"你来看看我们浪浪,洗水果洗得超级干净,是我们家洗草莓洗得最干净的人了。"浪浪妈妈真是高明啊,估计以后,只要是洗水果,浪浪都会洗得很干净,因为他要维护"我是家里洗草莓洗得最干净的人"这个正面形象。

浪浪还爱踢足球。一次,他射进了四个球,以4:0的成绩赢得比赛。他欢快地跑向妈妈,大喊:"妈妈,我进了四个球,全是我射进的。"浪浪妈妈马上抱住儿子说:"好儿子,你是妈妈的骄傲。""你是妈妈的骄傲",这句话也成了浪浪的正面人设。

浪浪妈妈与孩子的每一次细微交流,都在精心地培养孩子的自尊心,让他深切感受到自己的价值与在妈妈心中的独特地位。

假设家中正进行大扫除,妈妈需要移动沉重的沙发,于是向儿子寻求帮助:"儿子,能来帮妈妈挪一下沙发吗?它实在太重了,我一个人挪不动。"

儿子回应:"等一下,我现在有点事。"

妈妈走进儿子的书房,发现他正在看手机,心中虽有些不悦,但也只能等待。半小时过去了,妈妈再次请求:"现在能来挪一下沙发了吗?"

儿子答道:"我正在上厕所,稍等一会儿。"又过了二十分钟,儿子终于洗漱完毕,吃完早饭,准备来挪沙发。

当爸爸回家后,妈妈有两种截然不同的说法。

一种充满感激与赞美:

"今天大扫除,儿子给了我很大的帮助。那个沙发那么重,多亏他帮忙挪开,我才能顺利进行打扫。有儿子真是太好了。"这样的话语让儿子感到自豪,以后自然更愿意帮忙。

而另一种说法则充满了抱怨与不满:

"我今天大扫除,忙得团团转,让儿子帮忙挪个沙发,催了两次,磨蹭了两个多小时才来,还心不在焉地打碎了一个花瓶。真是让人心累。"

这样的话语只会让孩子觉得自己是个累赘,从而失去做事的积极性和自觉性。事实上,我们要让孩子觉得我对这个家很重要,对于妈妈很重要,我在这个家不可或缺,我是一个有价值的人。

我曾经教过一个学生,他性格颇为顽劣,上课时总爱与老师对着干,而且嗓门特别大。只要教室里稍有风吹草动,他就会立刻化身"大喇叭",大声呼叫报告,因此没少挨批评。平时上课的时候,他总是斜靠在椅背上,有时甚至会把双脚搁在桌子上。

然而,有一次他放学乘坐公交车时,却展现出了截然不同的一面。当他发现一位身形颤颤巍巍的老人上车后,立刻起身给老人让座。下车时,他还不放心老人单独回家,于是主动护送老人回家。

老人感激地问他的名字,他却不肯说。后来,老人瞥见他校服上的学校名称,又在他胸口的E卡通上看到了他的名字,于是特意来到他所在的学校,强烈要求表扬这个孩子。

班主任得知此事后,深感震撼。在班会课上,她郑重地表扬了小潘。后来,班主任在办公室感慨地说:"我今天在班级里如实讲述了小潘的事迹,当说到他是个道德高尚的人时,我注意到小潘双手放在桌面上,背挺得笔直,我从没见过他上课坐得如此端正。"

老师的这番话极大地提升了小潘的自尊水平。当孩子感受到自尊心的提升,他会自我判定为一个高尚的人,并努力维护这个新形象。因此,他的所有行为都会开始符合这个新的身份定位。这其实就是皮格马利翁效应。

橡树小学拥有六个年级,心理学家从这六个年级中各自挑选了三个班级,共计18个班,并宣称将对这18个班的学生进行一次"预测未来发展"的特别测验。然而,实际上,这次测验并未真正考查学生的知识水平或智力水平。

随后,心理学家们随机选择了一些学生,并向每个班的教师提供了一份所谓的"最具发展潜力学生"名单。同时,罗森塔尔还特别叮嘱教师们,这份名单必须保密,只能由他们自己知晓,否则可能会影响实验结果的准确性。

八个月的时间转瞬即逝,罗森塔尔和雅各布森再次来到这所学校进行回访。他们惊讶地发现,在这18个班级中,所有被列入那份"潜力学生"名单的学生,其考试成绩都取得了显著的提升。不仅如此,他们的性格也变得更加外向,自信心和求知欲都得到了明显的增强。

罗森塔尔对此进行了深入的思考,他认为,可能是研究者的"谎言"在某种程度上对教师产生了暗示,从而影响了教师对名单上学生能力的评价。当教师们内心深处坚信这些孩子未来必将有所成就时,这种信念也会强烈地传递给学生们,使他们感受到教师的喜爱和期望。在这种积极的情感氛围下,学生们变得更加自信,从而在各方面都取得了异乎寻常的进步。

我在教学中经常运用皮格马利翁效应,而且每次都取得了显著的效果。无论孩子在课堂上的表现有多么不尽如人意,我总能找到他们身上的闪光点。

每次走进课堂前,我都会提醒自己:"对于那些行为不良、对自己失去信心的孩子,我需要更加耐心,并且要为他们准备一百顶'高帽子'(即学生的优点),然后一一为他们戴上。"这种方法非常有效。对于那些长期受到贬低和训斥的孩子,他们的自尊心已经受到了严重的打击。此时,如果再去训斥他们,显然已经没有什么效果。因此,对于这样的孩子,我们需要停止负面的反馈。

有一个孩子,上课时总是喜欢跟老师套近乎,不专注于学习。例如,科学课需要带放大镜,他却带了一个摄像机,声称摄像机有放大功能。在做种子贴画的课程上,他又带了下节课需要的电路器材。虽然他回答问题时看似积极,但往往词不达意,并没有真正回答老师的问题。其他老师对他的评价都不怎么好,我也与他的爸妈沟通过多次,但效果都不佳。我每周只给他上两节课,如果我也盯着他的不足,显然并不能对他有所帮助。我需要让他在课堂上"自我感觉"良好。

于是,当他回答问题词不达意时,我会肯定他回答的积极性:"只要回答问题了,就说明他在积极思考,无论回答正确与否都值得加分。"他没有按照要求带实验材料,我就肯定他的学习态度;他不学习,喜欢和老师套近乎,我就接纳他的状态,夸他友爱,表达对他的喜爱,让他感受到我对他的欣赏。

在与他的妈妈沟通时,我说:"我特别喜欢小黎同学。自从我第一次见到他时,我就觉得他与其他孩子不同。他用亮晶晶的眼睛看着我,我的心都要被融化了。我从来没有见过这么机灵聪明的小孩儿。"

> 他的妈妈听到后非常开心,并将这些话告诉了孩子。我发现,孩子在课堂上的表现果然有了明显的改善,因为他要符合这个特殊的身份,有种契合这种感觉的动力。最后,他的期末考试居然进入了班级前十。

当孩子觉得自己在大家眼中是个有价值的人时,他就会有了维护这个自我认知的原始动力。

6.2 最佳的压力,最佳的水平

在学生的学习生涯中,学业成绩与学业压力是两个至关重要的方面,它们之间的关系复杂且多面,既相互依赖又时而产生"冲突"。

首先,我们来说一下学业成绩与学业压力的定义。

学业成绩是衡量学生学习效果的主要标准,它全面反映了学生在各个学科领域的知识掌握程度和应用能力。而学业压力,则是指学生在学习过程中所感受到的心理负担,这种压力可能源自家庭、学校、社会等多个层面。

学业成绩与学业压力之间的关系主要体现在以下几个方面:

(1)学业压力对学业成绩的影响:

适度的学业压力可以激发学生的学习动力,促使他们更加努力地学习,从而取得更好的学业成绩。然而,过高的学业压力则可能导致学生产生焦虑、抑郁等心理问题,进而影响他们的学习效率和成绩。

心理学家的研究表明,动机强度与工作效率之间并非线性关系,而是呈现倒 U 形曲线关系。中等强度的动机最有利于任务的完成,一旦动机强度过高,反而可能对行为产生阻碍作用。例如,学习动机过强、急于求成可能会引发焦虑和紧张,干扰记忆和思维活动的顺利进行,从而降低学习效率。考试中的"怯场"现象主要就是由动机过强造成的。

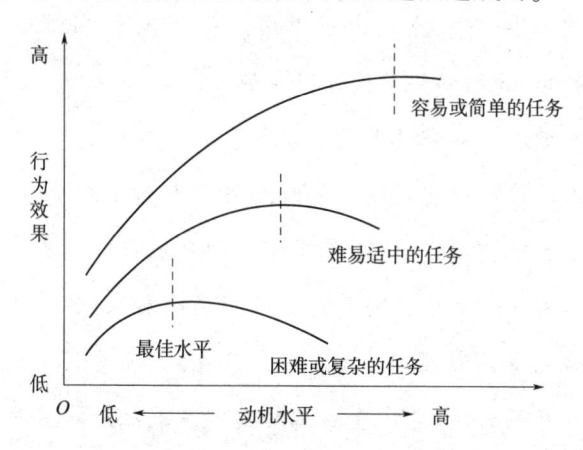

耶克斯-多德森定律表明,各种活动都存在一个最佳的动机水平,动机不足或过分强烈都会使工作效率下降。研究还发

现,动机的最佳水平随任务性质的不同而不同。在较容易的任务中,工作效率随动机的提高而上升;但随着任务难度的增加,动机的最佳水平有逐渐下降的趋势。也就是说,在难度较大的任务中,较低的动机水平更有利于任务的完成。

(2)学业成绩对学业压力的影响:

学生的学业成绩往往会影响他们的心理压力。当学业成绩较好时,学生可能会感受到较小的学业压力,因为他们能够轻松地应对学习任务和考试。相反,当学业成绩较差时,学生可能会感受到更大的学业压力。这时候,就需要父母敏感地察觉孩子的情绪变化,并适时给予引导和支持。

例如,当谷爱凌在比赛中遇到巨大压力,非常害怕失败的时候,她的妈妈是这样引导她的。

谷爱凌在初期比赛时,总是喜欢与别人比较,想要战胜别人。谷妈妈就对她说:"那如果别人为了成功,选择从高处往下跳,那你也跟着往下跳吗?到底什么是成功?是不是不顾一切地战胜别人就是成功呢?"后来,谷爱凌领悟到:"成功并不是跟别人比,只要不放弃,就没有失败。当选择放弃的时候,那才是真正的失败。成功是战胜先前的自己。"

如果一个人从心底里认为失败并不可怕,并把失败当作是通往成功路上的经验获取的方式,那才能真正帮助自己进步。这样,他就能排解自己的情绪,继续采取积极的行动。

除了要为孩子树立正确的成败观,父母还需要为孩子创设一个良好的学习环境。在家里,父母不是老师,只需要负责学习以外的关于"爱"的部分。至于学习的方法和怎么学,应该交给老师和孩子自己去探索和决定。

父母需要真正放下对孩子的成绩的执念,去关注孩子本身,接纳孩子的情绪,做好孩子的情绪容器。我们要相信孩子有自省的能力。当孩子情绪得到释放,情绪安定下来时,他们的脑子会自动变得清明,表现为逻辑清晰,有自控力。

6.3 利用春节,在亲朋好友面前给孩子戴"高帽子"

春节是中国最重要的传统节日之一,亲朋好友欢聚一堂,共享天伦之乐。然而,在这个本应欢乐祥和的时刻,有时

自驱学习，松弛成长

却不幸成了孩子的大型"议论现场"，这无疑浪费了一个非常好的教育契机。

一个孩子的自尊是非常重要的，它关乎孩子对自己是什么样的人的认知。自尊，是拥有自驱力的孩子的密钥。

> 记得有一次春节聚会，亲戚朋友都聚在一起，气氛热烈。这时，有个长辈开始讨论起自己孙子的外貌，他说："欣欣的脸太长了，眼睛完全没有遗传到妈妈的大眼睛，太小了。倒是那个浪浪长得挺帅气的。"
>
> 欣欣的妈妈没有接话，也没有反击，选择了沉默。但欣欣的奶奶却继续说道："以后让我们欣欣就跟在两个姐姐后面，姐姐要带着弟弟啊。"

我们来细细品味这句话，当孩子听到这样的话时，他的感受会是怎样的呢？我想，孩子的内心一定会觉得自己不如姐姐。这句话，无疑让孩子的自我价值感减弱了。

> 就在这时，欣欣的妈妈终于反击了，她补充道："欣欣是男孩子，以后在姐姐需要的时候，他可是要保护姐姐的。"

这句话，既巧妙地回应了长辈的言论，又成功地维护了孩子的自尊和自我价值感。

我们需要经常做一些能增强孩子能量的事情，正如温尼科特的能量炮理论所述，以增强他的自我价值感。

> 又过了一会儿，欣欣和两个姐姐开始玩电子游戏，这个游戏是用手柄控制的，非常适合多人一起玩。令人惊讶的是，欣欣竟然赢了两个比他大两岁的姐姐。两个姐姐输了之后大哭起来，而欣欣却显得非常沉静。这时，欣欣奶奶又补了一句："哎呀，我们欣欣不懂事，把两个姐姐弄哭了。"

由于两个姐姐一起哭了，家长们纷纷围了上来，场面有些混乱。然而，这一句"欣欣不懂事"，还是当着亲戚朋友的面说出来的，着实对孩子的内心影响很大。

我理解她是想安慰两个哭了的姐姐，但是安慰别人不能以贬低另一方为代价。

> 欣欣妈妈经常跟我提起欣欣爸爸和欣欣奶奶之间的事情。她说，欣欣爸爸经常会和欣欣奶奶吵架，只要奶奶在，欣欣爸爸就什么家务都不肯做。而欣欣奶奶也经常痛斥欣欣爸爸："你什么事情都做不成""不知道感恩"。

见识了春节欣欣奶奶的言行之后,我总算明白为什么欣欣奶奶会有一个在她口中说的"什么事情都做不成"的儿子了。

我接触过很多不愿意学习,或者毫无生气、需要推一推才动一动的孩子。无一例外,这些孩子的自我评价都极低。一个长期被评价为"不懂事""不好看""你不行,得让别人带着"的孩子,自尊已经非常低了。如果他主动做事,那他不就认知失调了吗?

好孩子都是夸出来的。所有表现出不良行为的孩子,本质上都是对自己丧失信心的孩子。他们不相信自己是个好孩子,既然自己是个"坏孩子",那就该做点与之相匹配的事情来符合这个自我认知。

因此,父母要学会给孩子"戴高帽子",通过这种方式来提升孩子的自信心和自尊心,让孩子感受到自己的价值和能力,从而激发他们的内在动力,让他们更加积极地面对生活和学习。

父母平时可以挑选出一二十个正向的标签来评价孩子,比如:真诚、诚实、忠诚、真实、可信、靠谱、智慧、可信赖、善解人意、明事理、体贴、热情、善良等。这些积极的品质词汇,可以在日常生活中多多重复,用以提升在与孩子相处时的正能量氛围。如果孩子在父母眼中总是充满这些积极正向的特点,那么孩子自然会更加阳光向上。我们不要轻易给孩子下结论,但如果一定要评价,请务必给予正向的评价。这样,孩子将会展现出更加优秀的未来。

父母需要让孩子感觉良好,让他觉得自己"还不算差",是个有价值的人。这样的感觉对孩子来说至关重要,它将帮助孩子建立起自尊和自信,从而更加积极地面对生活和学习。

然而,如何给孩子"戴高帽子"才能既真诚又恰到好处,避免孩子产生虚荣心或自我认知的扭曲呢?

首先,我们要明确"戴高帽子"的真正意义。这不仅仅是对孩子表面的赞扬,更是对他们内在潜力的激发和认可。

譬如,我们可以让孩子参与家庭聚餐的某些准备工作,比如负责春节的娱乐活动环节、某个饭后甜点环节,或者负责小孩子部分的餐饮。在亲戚朋友面前,我们可以给予孩子肯定,让他们感受到自己的价值。

又譬如,如果孩子通过一年的努力获得了一些实绩,我们也可以适当地展示出来,以获得孩子爷爷、奶奶、外公外婆等的赏识与肯定。这样可以增强孩子的自我价值感,让他们感觉到自己的努力被认可。总之,要让孩子感受到在家族里的重要性,让他们有一种被看得起的感觉。这时候,他们就会被赋予一种责任,开始注意到自己的行为对别人的影响,开始严于律己,感觉自己对这个家变得重要起来,从而产生一股向上的动力。

对于一个家庭而言,当孩子能够站在家庭的高度思考问题,感觉自己身负家里的使命时,他们的责任心便得到了激发,更能约束自己。

古代有个孩子,总是练不好毛笔字,这让他的父母非常忧愁。在那个时代,毛笔字的好坏是衡量一个人学问高低的重要标志之一。后来,有个秀才表示可以教会孩子写好字,但需要十两银子作为学费。对于贫困的农家来说,这十两银子是一笔巨大的支出。然而,为了孩子的学习,父母还是向众多亲友借钱,勉强凑齐了学费。

当孩子开始写字时,老师严肃地告诉他:"如果你写不好,我就不再教你这个学生了,学费也不会退。"这个孩子深知父母为了筹集学费已经负债累累,因此他拿起笔来格外慎重,生怕写不好,浪费了父母辛辛苦苦筹集来的十两银子。

> 老师认真地给他讲解写字的要领,他听得格外认真。老师让他从"永"字开始练习,因为这个字具有特殊的价值。孩子斟酌良久,方才下笔。最终,他写出了一个非常工整漂亮的"永"字。老师大加赞赏,并将此事告诉了他的母亲。孩子忽然明白,原来自己也是可以写出漂亮的毛笔字的。从此,他在读书习字方面日益进步。

当一个孩子心中装满了家庭的责任,把自己的行为与家庭的幸福紧密联系在一起时,他便会严于律己,不会随意而行。这是一种心甘情愿、幸福的背负。

6.4 增加成功体验,让孩子觉得"我能行"

埃里克森曾指出,孩子在2~6岁之间会经历一个极其重要的成长阶段,他称之为"主动与内疚"的阶段。在这个阶段,我们需要培养孩子对自己才能和能力的信念。

在这里分享两个培养主动性的案例给大家,源于简尼尔森的《3~6岁孩子的正面管教》,给我留下了深刻的印象:

案例一:迈克尔的妈妈带他到附近的公园玩儿。迈克尔刚刚三岁,迫不及待地想玩攀爬架。他轻松地爬上了下面几级,然后向下看了看,结果他立刻感到胃在翻腾。迈克尔呜咽着让妈妈救他,把他抱下来。但是,妈妈只是微笑着把一只手搭在他背上来鼓励他。她以安慰的语气跟吓坏了的儿子说着话,帮助他寻找自己下来的办法。当他下到地面上时,妈妈给了他一个大大的拥抱,并祝贺他"靠自己"下来了。迈克尔的脸上绽放出了一个骄傲的微笑。妈妈和迈克尔后来经常来这个公园,过了两周,迈克尔就能轻松地在攀爬架上爬上爬下了。

案例二:玛格丽特的妈妈面对着同样的困境,但她的回应却完全不同。玛格丽特也是三岁,当时在同样的攀爬架上大哭时,她的妈妈立刻跑了过去,把玛格丽特抱在了怀里。她抱着女儿,并用坚定的语气告诉她爬这么高有多危险。玛格丽特哭了一会儿,就跑到沙坑去玩儿了。尽管她们经常去这个公园,但在两个月后,玛格丽特还是回避攀爬架,一有其他孩子邀请她去爬攀爬架,她就抱着妈妈的腿不放。

案例一中,孩子的主动性得到了充分发展。案例二中,孩子的主动性受阻,产生了内疚感。案例一中迈克尔的妈妈以一种话语无法传达的方式告诉了孩子"我能行",一个经常体验"我能行"的孩子,会有很强的自我价值感。案例二中玛格丽特的父母因为自己的恐惧对孩子过度保护,从而剥夺了他成长所需要的小挫折。这种情况下,孩子发展中的主动意识和能力感都会削弱,孩子会有深深的挫败感,也没法产生自我价值感。

6.5 社会压力要适度,孩子才能更健康

我们需要接受一个事实,那就是孩子在成长过程中一定会犯错误。那么,如何对待这些错误,让错误成为孩子成长的契机呢?

> 我有个很要好的同事,45岁,是个高学历高素质的女性。她曾告诉我,在求学的时候,她对老师毕恭毕敬,老师安排的事情,她都按要求完成,有时甚至做得比老师要求的还要好。然而,她的儿子却不尊重老师,上课经常插嘴,不好好学习。她曾严厉地教训过儿子,甚至不让孩子吃饭,还和孩子爸爸一起打了孩子一顿,把孩子拖出门去。然而,孩子却一如既往,现在还产生了消极情绪,不想去上学。

这个孩子可以说是过度教育的受害者。我也认识这个孩子的班主任。由于是第一年工作,她特别认真负责,班级管理很严格,对孩子的训斥也很严厉。其实在班主任和她反馈之前,孩子就已经受到了严厉的家庭教育。这时候,如果妈妈再把老师的压力接过来,再进行一番严厉的教育,就会给孩子心理上造成超负荷的压力。将来孩子再犯错误时,他就不敢再面对父母和老师,于是就会选择推卸责任,说:"自己不想来上学。"以此来逃避可能会遇到的批评与惩罚。

还有一位妈妈,在孩子刚上一年级的时候,突然接到了老师的电话。老师说:"孩子在学校里拿了其他孩子的笔和橡皮,这么小就这样,你可一定要好好教育他。"老师的话里话外都是让家长狠狠教育孩子一顿。然而,这位妈妈并没有被老师的情绪所影响,她相信自己的孩子。于是,回到家后,她问自己的孩子:"你真的那么喜欢那个笔和橡皮吗?"孩子摇摇头说:"笔和橡皮是他的一个好友让他拿的,说只是想在接下来的活动课中用。"这个孩子自己没带笔和橡皮,又不敢拿,于是就帮他拿了,没想到被老师发现了。

第6章 社会压力推着孩子往前跑

这位妈妈并没有搬出大道理来教育自己一年级的儿子,只是握着孩子的手,对他说:"下次不要再这样了。"孩子的妈妈这么做是有原因的,因为她知道,这个严厉的班主任肯定已经教育过了孩子,自己再教育,孩子未必能承受得住;另外,她家里的钱包都是随手放在抽屉里,里面从没丢过钱,她知道孩子不会随意去拿别人东西的。

一个心理健康的孩子,其父母通常都拥有积极的能量。他们能够帮助孩子过滤掉一些不良的社会压力,敏感地察觉到孩子的状态,避免过度教育,以免适得其反。

在美国,有一个十多岁的男孩子,在踢足球的时候,不小心把杂货店的玻璃门给打碎了。杂货店的老板走出来,要求孩子赔偿15.5美元。

这个孩子的父亲知道后,并没有多说什么,而是直接把钱赔给了杂货店老板。回到家后,他对孩子说:"玻璃是你打碎的,应该由你来赔偿。这笔钱是我借给你的。"于是,这个男孩通过打零工挣了15.5美元,还给了父亲。这个孩子,就是后来的美国总统里根。

如果你是这个孩子的父母,你会怎么做呢?是选择替孩子承担一切,还是像里根的父亲那样,教会孩子承担责任,让他们学会面对并解决问题呢?

有些父母可能会先把孩子骂一顿,然后心不甘情不愿地赔偿,回去后继续责骂。然而,当孩子打破玻璃时,他们心里其实已经充满了悔意。父母的谩骂可能会让孩子觉得已经为此付出了代价,接受了教训,心里的愧疚感有所缓解,于是下次可能会再犯。

相比之下,里根的父亲却给了里根理解与支持,并提出了一个解决问题的合理方案。他把里根犯错的事件转化为了一个促使里根在价值观上成长的机会:自己犯的错误,自己来承担。

孩子的成长过程中,每次遇到的"意外"都是促使其成长的契机。这就需要父母展现出教育智慧,正确引导孩子,帮助他们从错误中学习,从而成长为更加坚强、有责任感的人。

6.6 运用"两面法",助力孩子做成事

如果一件事,从一开始就需要依靠坚持和努力才能去

做,那么这件事情最终成功的概率可能并不大。或者即使勉强做成了,结果也可能只是平庸之作。因为需要坚持和努力,往往说明内心深处并不愿意做这件事。那么,如何提升做事情的意愿和动力呢?

这里有一个策略:那就是无论做什么,在开始之前都要为这件事赋予重大的意义,甚至是多重意义。

李笑来曾分享过他写文章"根本停不下来"的秘诀。他说,按照他的专栏在"得到"上的订阅数来计算,相当于每个字价值2 000元。他一天写2 000字,如果按照资助一个优秀大学生一年需要的奖学金为2 000元来算,那么一篇文章2 000字就相当于能资助2 000个大学生。这样一想,他写着写着就高兴了,甚至"根本停不下来"。这种策略他用了一辈子。

在新东方教书的时候,他要考TOEFL和GRE,需要背诵20 000多个单词。刚开始他觉得"这是人能干的事儿吗?"但后来转念一想,新东方老师年薪很高,相当于一个单词价值50元。刚开始他每天背50个单词,后来一想"一天就能赚2 500元!"真是"一念一世界"啊(虽然后来进了新东方,发现也没有达到年薪百万)。

除了为这件事情赋予正面意义以外,还可以从"如果没有做这件事"的后果来赋予它负面意义。比如,想象一下如果不去做这件事,可能会错过哪些机会,或者可能会面临哪些不利的后果。这样,从正反两个方面来思考,就能更强烈地激发出做事情的意愿和动力。

拿出一张纸,你可以花一天或者几个月的时间来仔细罗列以下几点:

(1)如果我不做这件事情,将来会有哪些东西我无法拥有?哪些权利我将无法享受?尽量把你能想到的所有细节都"栩栩如生"地写下来。

(2)如果我不做这件事,我将来会遇到哪些困难?会失去什么?同样地,把你能想到的所有可能的后果都写下来。

(3)如果我不做这件事情,我将和哪些人一样?这样的生活我能过吗?我真的愿意接受那样的生活吗?

不仅要罗列,还要深入思考并写下你的感受。这会让你对做眼前的事情更加坚定。

除此之外,还要尽量和你想成为的榜样,或者那一类人共度大量时间,或者时刻关注他们,了解他们的经历,知道他们是如何实现目标的。古人云"近朱者赤,近墨者黑",和优秀的人在一起,你也会变得更优秀。

赋予这件事情正面和负面的意义将极大地影响你的行为和感受。但除此之外,我们还需要具体有效的实施计划:

(1)首先,要确保自己有强烈的欲望去做这件事情。

(2)反复问自己:这件事最关键的地方在哪里?我需要重点关注什么?

(3)马上开始行动,践行是最重要的。不要拖延,不要等待。

(4)对践行进行量化,设定具体的目标和计划,让自己能够清晰地看到进展。

(5)不和他人斗气,保持心绪平和,维护人际和谐,这样你的注意力才能放在自身的成长上。

(6)把时间、注意力和金钱都投入到那些能从根本上改善你的生活、促进你成长的事情上来。这样,你才能真正地实现自己的价值和梦想。

6.7 游戏不是瞎玩,孩子在游戏中进行社会化

"在游戏中,儿童常常超越了自己的年龄和日常表现,仿

佛站在一个更高的起点上。就像放大镜的聚焦点,玩耍将儿童所有的发展趋向凝聚起来。"此时,他们的注意力高度集中,并且拥有自主权,自行决定着游戏规则和所扮演的角色。通过这种体验,儿童的独立性逐渐发展起来,而非成年人训练的结果。

如果玩耍都由成年人来主动界定和安排,那就失去了玩耍的本质。我们应该放手,在一旁不动声色地做好协助,让孩子自己决定怎么玩,这才是真正属于孩子的玩耍。

<u>儿童在游戏中的表现,往往预示着他们长大后在工作中社会化的表现。</u>因此,在游戏中,我们可以锻炼孩子的组织能力,并培养他们的个人品质。

然而,有些游戏不需要孩子出力,是消极的,比如让孩子坐在遥控汽车里,由父母操纵遥控器,或者只是看着自动泡泡机出泡泡。相反,如果让孩子自己配置泡泡液,制作泡泡器来吹泡泡,或者自己组装飞机并尝试练习遥控,那么这样的游戏就能培养孩子克服困难和创新的品质。好的游戏能让孩子从身体和心理上克服困难并做出努力。

游戏能促进大脑健康成长。马卡连科曾说过:"游戏给儿童带来快乐,这是创造的快乐,或者是胜利的快乐,抑或是审美的快乐——即有价值的快乐。"在游戏中,应该要达到以下目的：

（1）鼓励孩子真正地投入游戏，激发他们的想象力，让他们尝试制作和组合各种物品。

（2）引导孩子专注于当前的任务，确保他们在完成一项任务后再转移到下一项，培养他们的责任感和坚持精神。

（3）帮助孩子在每个玩具中发现其潜在的价值，这些价值可能对他们的未来有用。告诉孩子不要破坏玩具，要珍惜和爱护玩具，保持玩具的整洁和有序，养成打扫卫生的好习惯。

（4）家长应特别关注孩子对玩具的态度。如果玩具坏了，鼓励孩子尝试修理，如果遇到困难，大人可以提供帮助。

如果孩子参与了群体性的游戏活动，这意味着他们已经进入了社交环境。此时，我们还需要引导他们在游戏中正确对待他人，学会处理冲突和矛盾。每次冲突都是展示社交技巧的机会，我们应鼓励孩子寻找和平解决冲突的方式，培养他们的社交能力和解决问题的能力。

我们应该平和地了解整件事情的前因后果，不仅要关注个人的立场，还要考虑集体的利益。只有这样，我们才能最大化地维护孩子的利益。您每次妥善地处理相关问题，孩子都会将此视为自己行为的榜样。我们要培养孩子尊重他人的力量,因为在社交中,尊重比才能更为重要。同时,我们也要关注群体活动中的组织性和纪律性,不仅要关注孩子是否能发挥自己的才能,还要求他们学会正确对待他人和集体。

第 7 章

走出养育误区，助力孩子的内驱力

7.1 教养孩子前要先做到尊重孩子

在教养孩子的过程中，我们首先应当尊重他们，尊重他们的个性和兴趣，进而培养深厚的感情，这样做往往能带来更加积极的效果。

如果父母总是不尊重孩子的意愿，孩子可能会感到自己无力改变现状，从而产生愤怒和无奈的情绪，同时他们也可能学不会如何尊重他人。如果父母总是忽视孩子说"不"，那么将来当他们要求孩子不做什么时，孩子也可能不会听从，因为一个人无法给予自己没有的东西。

一个人是否被尊重，其实从婴儿期就开始了。那些经历哭声免疫法、定时喂奶或如厕训练等反人性训练的婴儿,他们的内心深处可能充满了愤怒。长大后,他们可能会面临许多情绪问题,当面对别人说"不"时,他们可能会特别愤怒,容易失控。

我有个很好的朋友最近向我诉苦,她在婚姻中遇到了严重的沟通问题。每当她与她老公在某件事情上有不同的看法时,她老公的情绪就会变得非常激动,甚至对她进行攻击。这种情况下,孩子也会受到惊吓,以为他们在吵架,但实际上他们只是对某些事情有不同的看法。有时候,他们还没说完几句话,她老公就会突然暴怒,完全不让她说话。然后,她也会感到愤怒,和她老公争吵起来。这时候,她老公会有一些极端的举动,比如突然跪下来要求她同意他的看法,或者坐在窗台上威胁说要跳楼。如果他这些举动都不能让她"听他的话",他就会把孩子带到房间,关起来,以此来胁迫她同意他的看法。最近一次,他们因为家里哪里需要装一个柜子而意见不一致,她老公就威胁说要跳楼。

听完她的倾诉后,我问她,她老公和他妈妈的关系怎么样?她告诉我,他们母子关系很差,沟通时总是各说各的,而且对方完全不听。她老公的事情都得按照他妈的意思来,包括大学志愿、留学建议,甚至是恋爱对象都是他妈介绍的。

另外,她老公因为工作原因,请她妈妈十点半左右来接孩子。但是,她妈妈早上七点就来了,而且还进入房间(当时她老公还在睡觉),打开窗帘和门,督促他起床。

她还说,她老公与他妈妈沟通的时候,他妈妈一直在给她老公提要求,并指责他,这让她老公的情绪数度崩溃。

首先,听完她的倾诉,我感受到她老公的需求似乎从未被他妈妈真正理解和看到,他的个人边界被严重侵犯,他的人生似乎一直无法自己做主。这种长期不被尊重的经历,已经在他的内心深处埋下了愤怒的种子。因此,只要在人际关系中遇到一丝一毫的不如意,就容易激怒他。

其次,没有尊重作为基础,人与人之间很难建立起稳固而真挚的友情。

每次假期,家里的亲戚都会聚在一起。我有个亲戚家的小孩,比君君小一岁,特别喜欢跟君君玩。只要君君一去他们家,小弟弟就会给君君递拖鞋,我们一开始都觉得这个小孩家教很好,很有礼貌。后来,君君在亲戚家午睡,醒来后，小弟弟又进来递拖鞋，还主动给君君穿上了。穿好拖鞋后，两个小孩便在客厅玩耍，只要君君需要玩具，小弟弟就会主动奉上，还会拿着扇子给君君扇风。

其间，大人们也会"指导"他怎么玩，小弟弟都欣然接受，旁边的大人都啧啧称赞，说这个小孩太乖了，太好带了。相比之下，君君就显得"不那么乖"了，他比较自主。我从没要求过他"乖"，只要是他的事情，大部分都是由他做主，我尊重他的意愿，所以君君一直都很有主见。有时候大人的"嘱咐"，他也有自己的想法，并不会全部遵从。

其间，我看到亲戚家沙发旁边放了个小马桶，就随口问了一句："这个马桶放在这里，是在进行如厕训练吗？"没想到我说完这句话后，小弟弟居然立马往马桶上一坐。我赶紧和小弟弟解释："我只是问一下你妈妈是否在对你进行如厕训练，并没有要求你坐上去哦。"他妈妈补充道："我们家有个规定，只要提到马桶这两个字，他就得坐上去。"

我有点心疼小弟弟对他父母无缘由地服从，如厕应该是正常的生理反应，自己有上厕所的需求了才上，哪能听从口令，父母说上就上呢？

第7章 走出养育误区，助力孩子的内驱力

玩了一整天，君君准备离开了。亲戚一家送我们上车时，小弟弟突然哭了起来，不愿意让君君哥哥走。他妈妈连忙安抚他，说："君君哥哥下个周末还会再来，别哭了。"之后，我和她妈妈闲聊时，我问她："小弟弟在小区里有没有朋友？"她妈妈回答："他通常都是一个人玩。之前有个叫开开的小朋友能和他一起玩，但后来开开总是指挥弟弟，我就不让他们一起玩了。"

后来，我们又和小弟弟玩了几次，他妈妈似乎也不太乐意，她觉得小弟弟总是被"欺负"。比如，他的玩具被君君拿走时，他也不会反抗，只是默默地让妈妈帮忙拿回来，小弟弟总是乖乖地跟在君君后面，这让小弟弟的妈妈感到不舒服，所以她不愿意小弟弟再和君君一起玩。

在他妈妈看来，君君是这段关系中的强势方，因此，在他们的眼中，君君被贴上了"强势"的标签。

小弟弟虽然性格软糯乖顺，但却鲜有玩伴。然而，君君在自己的小区内，却拥有众多玩伴，并且很少与他人发生矛盾。每当他从幼儿园放学回家，总是迫不及待地前往同学家玩耍，有时甚至一连好几天都轮流在别人家吃晚饭。如果他的玩具未经允许被人拿走，他会坚决夺回，如果夺不回，就会

通过哭泣来反抗。

小弟弟在人群中总是扮演着"乖、听话"的角色,受人差遣。这其实与他家庭的亲子关系密切相关。在他的家中,亲子关系是压制型的,父母总是高高在上,他们的命令必须得到遵守。因此,当小弟弟与别人相处时,他也会沿袭这种相处模式。

要知道,没人能对你高高在上,除非你自己愿意处于低下的位置。如果想让小弟弟拥有一段互相尊重、平和的友谊,那么就需要从改善他与父母的关系入手。父母首先需要尊重孩子的意愿,不能总是"高高在上"地指挥他。

7.2 太早上早教班,会破坏孩子的探索能力

我有一个男同事,对孩子的教育问题格外上心。在孩子上幼儿园之前,他就给孩子安排了满满的早教班课程。上幼儿园期间,每周还要上十一个兴趣班。然而,孩子入学后的表现却不尽如人意,成绩处于中下等,还常常在课堂

第7章 走出养育误区，助力孩子的内驱力

上插嘴，不遵守纪律。这让我的同事感到非常焦虑和困惑，他不明白，为什么给孩子上了这么多早教班，孩子的表现却如此不尽如人意呢？

我们首先要明确的是，早教究竟是什么？是否就是简单的早教班培训？

实际上，早教应该是为婴幼儿提供各种条件，以促进他们在生理、认知、情感、社会化等各方面的发展。通俗地说，早教其实就是生活本身，是妈妈讲故事、爸爸陪着一起运动、全家互动做游戏等这些日常互动，这些对孩子的成长有着不可替代的益处。因此，早教的起点是家庭，而不是培训机构，父母才是那个需要承担更多早教任务的人。

其实，从孩子出生的那一刻开始，早教就已经开始了。父母应该尽早了解孩子的生长发育特点，增加自己的育儿知识储备，了解孩子在不同年龄段的发展需求，知道什么时间段应该做什么事情，为孩子提供更好的成长环境和耐心的陪伴。比如，四个月大的小孩需要锻炼背部力量，那么就可以多做一些趴着的游戏。如果安排的活动超出了孩子的能力范围，那么孩子就会感到挫败。同时，父母也要保持良好的状态，从孩子的需求出发，陪伴他们成长，这才是最好的早教方式。

自驱学习,松弛成长

在生命的最初几年里,孩子们需要消耗大量的能量来健康成长,建立起安全感和自信心。他们需要感受到父母无条件的爱与接纳,以此树立自我信心,并完善自己的人格。

如果过早地将孩子们送入早教班,可能会透支他们原本用于生命发展的能量。有些父母认为,在生命早期如果不学习一些知识,不给孩子灌输一些书本上的内容,就是在浪费时间。然而,我们之所以选择早期的"慢养"方式,正是为了确保孩子们的生命能够长期、旺盛地发展。

一个人的早期,如果其生存的自主性得到满足,并得到充分的情感滋养,那么他们才会拥有蓬勃的学习力。因此,我们应该着眼于培养孩子们的学习后劲,而不是仅仅关注早期能否多"灌一些知识进瓶子"。

这里分享卢梭在《爱弥儿》中对儿童早期发展的几段话:

"先让大自然对他们进行教育,在相当长的一段时间之后,你再去接替它的工作,以免打乱了应有的教育过程。你说你懂得时间的价值,而且不愿白白浪费一分一秒,可是你没有看到,错误地使用这些时间比起什么都不做所造成的损失还要大。一个曾受到过不良教育的孩子,反而不如一个从未受过教育的孩子聪明。你看到孩子无所事事地度过童年,内心会感到格外不安。怎么会是这样呢?整天都在跳呀、玩呀、跑呀,难道他们还不够幸福吗?"

"童年时代就是理性的睡眠期。"

"问题不在于教会他各种学科知识,而在于培养他对于知识的兴趣。当这种兴趣得到充分发展的时候,再教他学习知识的方法。毫无疑问,这才是一切良好教育的基本原则。"

7.3 "都是为你好"的外衣

有些父母喜欢打着"都是为你好"的旗号,给孩子设定种种"框框",认为孩子年幼无知。然而,抛开这些"框框",孩子内心真正渴望去做的,才是他们真正的"自我"。

当这个"框框"与个人的"自我"相契合时,或许不会带来太多烦恼。但如果"自我"与"框框"之间存在较大差异,继续强迫孩子遵循"框框",孩子会感到痛苦不堪,而父母可能还会误解为孩子"消极怠工"。

如果孩子试图突破这个"框框"呢?父母可能会难以接受。但无论接受与否,事实都无法改变。不接受的话,父母可能会采取更极端的措施，而孩子也可能以更极端的方式进行反抗。有些孩子没有反抗，他们心甘情愿地满足父母的需求，但在孩子努力满足父母期待的过程中，长期按照父母的指令生活和学习，孩子会逐渐远离真实自我，压抑自己的感受，去迎合父母。

如果父母没有理解"儿童教育只是帮助儿童成长"这一理念，只是呆板地执行所谓的教育方法，那么很可能会带来不良的教育结果。对于父母来说，如果把"我执"转变为"执我"，在育儿道路上或许会更加顺畅。父母如果对自身行为动机缺乏认知，可能会导致灾难性的后果。

一位五岁女孩的家长，深知画画对开发孩子智能的重要性，于是找来了简笔画教材，让孩子模仿画鸟，一遍遍地重复，直到记住画法。然而，这种训练方式只会迅速消耗孩子对画画的热情，让她产生厌恶感。这个年龄段的孩子，只会去做自己真正喜欢的事情，对于不感兴趣的活动，她是绝不会参与的。

如果孩子只在成人的监督下才进行某项活动，而一旦成人离开，她就立刻停止，这说明这项活动其实是成人的需求，而非孩子自发的愿望。如果孩子是因为成人的压力才去做这件事,那么她就不会从中获得真正的成长,因为这种方式压制了她的生命力表达,对她的身心健康是有害的。

有些孩子就是这样被训练出来的,他们只有妈妈在场的时候才愿意做事。如果家长采用"教"的方式,而不是"帮助"的方式,只关注孩子学习,而忽视他们的内在感受,强迫他们按照父母的方式去做事,那么孩子的内在需求就会与成人的要求产生强烈的冲突。这种冲突会让孩子感到痛苦,或者变得麻木不仁,甚至狂躁多动。

我们的目标应该是培养一个完整的人,而不是一个仅仅用于积累知识的工具。

7.4 评价性表扬 VS 描述性肯定

不可否认,孩子的行为与大人的反馈紧密相连,这要求抚养者对自己的言行保持高度的警觉和敏锐。

> 君君对华容道情有独钟,在玩的时候,他一路从7步顺利挑战到15步,每次都能成功闯关,显得游刃有余。他能全神贯注地玩上40多分钟,这时奶奶就会在一旁夸赞:

自驱学习，松弛成长

"君君真是聪明绝顶。"

听到这样的夸奖，君君更加得意洋洋："这可难不倒我君君。"

奶奶接着称赞："我们君君特别自信。"表面上看，这似乎是在给孩子鼓励和表扬，无可厚非。

然而，君君在这样的鼓励和表扬中度过了他的前三年。到了四岁，我发现他开始倾向于选择简单的事情去做。比如华容道，他三岁的时候就能闯关到15步，但到了四岁，他仍然停留在那个水平，不愿意尝试更难的挑战。君君变得非常在意输赢，只要知道结果可能不如别人，他就不愿意参与。

有天晚上，又到了玩华容道的时间，君君拿出华容道，对我说："妈妈，我要玩那个简单的布局。"

还有一次，君君的奶奶和爷爷夸他看书快，不到两个小时就能看完两本逻辑书并制作一个手工，全程高度专注，连一口水都没喝。但我发现，下次他再看类似的书时，只关注速度，甚至囫囵吞枣地翻几页就认为自己看完了。

我意识到，孩子的问题肯定与大人的行为有关，是我们家庭内部对他过多的判断和评价性的赞扬导致他出现了这样的问题。

我们再来看君君好友浪浪的故事：

> 一天晚上，我目睹了浪浪尝试爬树的场景。他妈妈提及昨晚浪浪未能成功爬上那棵树，于是鼓励他今天再次尝试。
>
> 浪浪的妈妈领着他走到花坛边的那棵树前。浪浪先是小心翼翼地用双手抓住树枝，随后奋力一跃，双腿猛地一蹬，竟然稳稳地攀上了树梢。昨天未能达成的目标，今天在他的坚持下终于实现了。
>
> 浪浪的妈妈并没有过多地表扬他，而是通过这件事，无声地向浪浪传达了一个信息：昨天没能爬上树，今天再试一次就成功了。

通过这次尝试，浪浪增加了自己成功的体验，确认了自己具备爬树的能力，从而真正拥有了"能爬树"的自信。这是一种源自亲身经历的"真自信"。

事实上，真正的自信源自孩子对自己成功完成事情的积极体验。成功的体验越多，自信就越坚定。相比之下，君君总是受到评价性的表扬，为了维持这种表扬，他倾向于重复一些简单的游戏或行为，以符合他"聪明"的标签。这种依赖于他人评价的"自信"实际上是相当脆弱的,可以称之为"假自信"。

<u>孩子的成长更需要内在自我的感觉来激励他的成长,而不是依赖外界的评价。</u>

回顾自己的成长经历,我是在充满认可且毫无压力的环境中长大的。我读书纯粹是因为热爱,玩益智玩具也是因为乐在其中。然而,观察我的儿子,我发现他在玩游戏和读书时都会受到评价,尽管这些评价都是赞扬,但光环太过耀眼,反而让他感到焦虑。我们对他那些评价性的赞扬,比如"你真是个聪明的孩子!""真自信!""速度真快!"可能会让他感到压力,想要维护这些光环,这对他培养自我指导和自我控制的能力以及形成忠于自己内心的感觉毫无帮助。

因此,夸奖需要慎重,应该针对孩子的努力和成就,而不是评价他的品行和人格。例如,当孩子在整理玩具并很快收拾好时,我们不能夸奖他:"真是个乖宝宝。"孩子需要的是实实在在的反馈,我们可以带着赞赏的语气肯定他:"今天三分钟就把玩具收好了,真棒!"

当孩子坚持把最后的鸡腿留给你时,你可以说:"谢谢你把鸡腿留给我。"而不是:"你真是个孝顺的儿子。"<u>我们应该让孩子从客观事实中得出对自己的积极认识,这才是精神健</u>

康的基石。而不是用赞美的外壳去评价他的人格，给他带来精神上的压力和桎梏。

当孩子把事情搞砸时，并不是批评他们的合适时机。我们应该先处理事情本身，而不是攻击孩子："你什么事情都做不好！"或者"下次小心点！"

当孩子不小心把果汁撒了一地时，递给他一块毛巾会是更合适的选择。相信我，他一定会心存感激。这样的处理方式能让孩子在心绪平静的环境中成长，而这样成长起来的孩子，也往往能自己想出解决问题的方法。

7.5　孩子需要为自己而玩

奖励和惩罚都会对孩子的兴趣发展产生影响，而唯有孩子内心的兴趣，以及由兴趣引发的内心愉悦体验，才是驱动整个内在生命的真正力量，这是完全自发的。如果说孩子完成某些事情需要报酬，那么这种报酬也应该是完成事情后所获得的自我满足感。

人的动机可以分为两种：内部动机和外部动机。当我们按照内部动机去行动时，我们就是自己的主人，能够自主掌控自己的行为。然而,如果我们的行为是由外部动机所驱使,那么我们就会被外部因素所左右,成为它的奴隶,失去自主性和自由。

有一则寓言故事是这样的:

> 一群孩子在一位老人家门前嬉闹,欢声笑语不断。然而,几天过去,老人开始觉得难以忍受。于是,他走出来,给了每个孩子25美分,并对他们说:"你们让这里变得如此热闹,我觉得自己都年轻了不少,这点钱是表示我的谢意。"
>
> 孩子们非常高兴,第二天他们又来了,而且嬉闹得更加厉害。老人再次走出来,给了每个孩子15美分。他解释说,自己没有收入,所以只能少给一些。尽管如此,孩子们仍然兴高采烈地离开了。
>
> 然而,到了第三天,老人只给了每个孩子5美分。
>
> 孩子们顿时勃然大怒,"一天才5美分,知不知道我们多辛苦!"他们发誓,再也不会为老人玩了!

在这个寓言中,老人的计谋其实非常简单。他将孩子们原本的内部动机——"为自己快乐而玩"转变成了外部动机——"为得到美分而玩"。而他通过给美分这个外部因素,也间接改变了孩子们的行为。仔细想来,寓言中的这位老人,是不是有些像某些父母呢?

一个人之所以会形成外部评价体系,主要原因是父母倾向于过度控制。他们常常使用口头奖惩、物质奖惩等手段来控制孩子,却忽视了孩子自身的动机。久而久之,孩子便渐渐遗忘了自己最初的动机,转而过分在意外部的评价。

上学时,他可能忘记了学习的原动机是好奇心和学习的快乐;工作后,上司的评价和收入的起伏又成为他工作中快乐和痛苦的源泉。比如,收入高时他就多干一些,收入少时则可能少干一些。以每天工作八小时为例,除去八小时的睡眠,还有八小时用于生活。我们是否仅仅为了报酬而工作?这在很大程度上决定了我们生命的质量。然而,工作的终极意义并非仅仅在于报酬,而在于这份工作能使你成为什么样的人。一旦认识到这一点,生命将充满源源不断的动力,你将不再因为同事的评价或收入的起伏而时而痛苦、时而快乐。

这些外部评价体系往往像是一种家族传承,需要你洞悉其本质,并努力打破它,建立起自己的内部评价体系,让学习和工作成为一种"为自己而玩"的享受。

孩子的功课本就是他们应当完成的责任,家长的任务是不断强化孩子的内部驱动力,让他们明白学习是作为一个学生的使命，学习能够为生命积聚力量，使生命绽放得更加绚烂。

虽然外部奖励在一开始可能效果显著，就像一剂猛药，但父母一定要慎用。因为如果长期依赖外部奖励来维持孩子的学习动机，孩子的"胃口"可能会逐渐变大，直到超出父母的承受范围。一旦父母无法满足，亲子之间就可能产生不断的矛盾和冲突，孩子会被拽着走，而父母也会感到越来越力不从心。

保护好孩子的天然内驱力，尊重他们的意愿，是至关重要的。我们要坚信，生命的力量本质上是积极向上的，这也是人类能够繁衍至今的原始动力。因此，我们应当尊重生命本身的这股原始动力，而不是去破坏它。

如果孩子偶尔一两天不愿意学习，那也没关系。即使他们玩了三四天，如果功课没完成，大多数情况下，他们自己会感到愧疚。然而，如果父母在这时候进行督促，可能会激起孩子的逆反心理，从而抵消他们的愧疚感，导致他们继续拖延作业。于是，在父母的逼迫之下，孩子虽然动手写了作业，但家庭氛围却可能因此变得鸡飞狗跳，日复一日。

有些父母可能会担心，如果不督促孩子，他们就不会写作业。但即使真的出现了这种情况，我们也可以让孩子去承受自然的后果。如果孩子没有写作业，老师自然会批评。这样,借由老师之手来督促孩子。老师可能会联系父母,这时候,父母虽然可能会因为孩子作业没完成而受到批评,但这也会进一步激起孩子的愧疚之情,对他们修正自己的行为、动手写作业是很有帮助的。

我们在家中扮演的是孩子的母亲、父亲的角色,我们的任务是保护好孩子对学习的兴趣,避免做任何可能损害他们学习兴趣的事情。教学的任务、孩子学习的方法,这些都是老师的责任和孩子的责任(如果老师需要父母的配合,父母可以按照要求给予辅助)。

我们应当在家中更多地陪伴孩子,让亲情在母子或父子之间自然流淌。我们应该给予孩子更多的关爱和理解,关注他们的内心需求。如果你发现,你和孩子之间的谈话大部分内容都是关于作业,那么这就可能是一个需要警惕的信号了。

7.6　刻意制造挫折,会让孩子退缩

如今,随着生活条件的日益改善,一些父母开始担忧孩子可能会成长为温室中的花朵,缺乏应对挑战的能力。于是,他们考虑让孩子经历所谓的"挫折教育"。

自驱学习，松弛成长

市面上,诸如游学夏令营、军事夏令营等,打着"让孩子自律,让孩子独立自主"的口号应运而生。然而,这些夏令营真的能够提高孩子的独立自主能力,增强他们的抗挫能力吗?

我们首先需要明确的是,希望孩子在挫折教育中能够获得什么。换句话说,我们希望通过面对挫折的情境,培养孩子哪方面的能力。我认为,这应该是一种不被轻易打倒的品质。西点军校的一项研究曾表明:一个人能否在艰苦的课程中坚持下去,与其身体素质、智商等关系不大,起决定作用的是这个人是否具有百折不挠的品格。

真正的挫折教育,其实是父母陪伴孩子一起去面对挫折。家是避风港,当我们在社会上遭遇各种挫折时,可以回到父母或爱人的身边寻求安慰。这句话也揭示了挫折教育的真谛。父母的职责之一,就是与孩子一同面对困难,让孩子在遇到困难时,能够毫不怀疑地确认父母永远无条件地支持着他。即使面临巨大的挑战,父母也会理解、支持与引导孩子,与他共进退。这才是挫折教育的精髓所在。

其实,挫折并不总是我们想象中的那种轰轰烈烈的大事,生活中的任何细小事情都可以被视为挫折。

比如,孩子玩华容道时一时走不出来,无法把磁力片堆成城堡,不小心弄丢了心爱的水枪,骑车时摔破了皮却还要忍着痛跟随大部队继续骑行。这些在父母眼中可能无足轻重的小事,但在孩子的世界里,都可能算是挫折。

那么,当孩子面对这些挫折时,我们应该如何应对呢?

> 有一天,君君和小朋友们一起去健身步道骑车。在去往健身步道的途中,他不小心摔了一跤,膝盖擦破了皮。他眼里含着泪水,但看着其他小朋友已经骑到了前面,他显得有些犹豫。我走到他身边,轻声对他说:"摔了一跤,膝盖都破皮了,一定很痛吧!妈妈给你吹一吹。"他感受到了我的理解和支持,停顿了一会儿后,坚定地说:"妈妈,我们继续走吧,小朋友都在前面呢。"

当孩子面对挫折时,与孩子站在同一战线,让他感受到父母无条件的支持与接纳,这是非常重要的。这样,孩子就能充分发挥自己的潜能,滋生出非凡的勇气来解决眼前的困难。而那些安全感不足的孩子,则可能会大声哭喊,表达自己的无助,把困难和问题都抛给父母。

当然,挫折教育并非一蹴而就,起初我们可以给予孩子全面的支持,随着他们能力的提升,再逐渐放手让他们独立面对。

以玩磁力片为例,虽然说明书上展示的都是精美的城堡模型,但对于一个三四岁的孩子来说,要用磁力片搭建一个城堡其实是有很大难度的。他们往往会邀请父母一起参与，如果这个时候父母直接将一个能力尚不足的孩子推向"战场"，让他毫无防备地经受挫折，这种无准备的"战斗"很可能会大大挫伤孩子的自信心和自尊心。

心理学上有个词叫作"习得性无助"，意味着如果不根据孩子的实际情况，一味地将他们推向挑战，而孩子由于能力和认知的不足无法解决问题，面对挫折时出现无力感，那么孩子在情感上就会陷入孤立无援的境地。这样不仅无法激发他们解决问题的斗志，还会让他们失去安全感、自信心以及对父母的信任。

因此，父母的支持和鼓励对于孩子来说至关重要。这能够让孩子在面对困难时保持乐观的态度，并拥有主动迎战困难的勇气。

对于年幼的孩子而言，挫折教育的核心在于提供充足的情感支持。

首先，我们需要认同并理解孩子的感受。例如，当孩子骑车摔倒时，如果我们说："只是摔了一跤，擦破了点皮，又没流血，为什么要哭呢?"这样的说法可能会让孩子感到更加委屈，因为他的感受没有被理解和看见，他可能会通过更强烈的情绪表达来寻求关注。

同样，如果我们试图通过取悦孩子或转移注意力的方式来应对，比如大声说："都是这个地面的错，害我家宝宝摔跤了，我们打它！"虽然这种方式可能暂时让孩子开心，但它也剥夺了孩子体验和处理负面情绪的机会，导致孩子在未来仍然不知道如何应对类似的感受。

正确的做法应该是，当孩子面临困难时，让他知道爸爸妈妈理解他的感受和处境，愿意陪伴他一起度过，并接纳他的任何表现。即使他失败了，爸爸妈妈依然爱他。如果他需要帮助，爸爸妈妈永远都会是他的坚强后盾。

只有建立了安全感并对父母产生信任的孩子，在每次遇到困难时，才会更有勇气去独自面对。

7.7 让孩子一味服从，会扼杀孩子的精神生命力

我有一个亲戚，是一位备受尊敬的高级工程师，然而小辈们却对他感到十分"畏惧"。

有一次，这位长辈不慎摔伤了腿，而我弟弟恰好住在他

家。这位长辈对生活习惯有着严格的要求,他坚持让弟弟洗完澡后必须立刻洗衣服,吃饭时头要保持端正,双手必须放在餐桌上。而且,他还不允许弟弟早上赖床,一到时间就必须起床吃早饭。

这些严格的规定让弟弟感到极度不适,住了几天之后,他总是找借口出去透透气,以寻求片刻的放松。比如,弟弟会借着给长辈修手表的机会,在外面多逗留一会儿。有时候,他在外面接个电话,即使电话已经打完,他也会选择在外面再待一会儿,然后才上楼。此外,他还发现自己打游戏的时间变多了,似乎是在通过这种方式来逃避现实中的压力。

家庭教育专家陈默老师,曾经讲过一个家庭案例:

一个抑郁的女孩和家人一起来咨询。这个女孩弯着腰,佝着背,眼睛木讷地看着地面。她的妈妈叙述着女孩平时的表现。女孩的奶奶是最神气活现的,时不时要打断孩子妈妈的话,说自己的想法。这位奶奶当着陈老师的面,说希望女孩的妈妈要怎么做,希望陈默老师能提供什么帮助,自己为这个孙女做了很多事情。只要奶奶的声音

第7章 走出养育误区,助力孩子的内驱力

稍微大一些,女孩勾着的背就会哆嗦一下。当这位奶奶还想继续表述的时候,被陈默老师请出了咨询室。

陈默老师对女孩的妈妈说,女孩抑郁的原因可能在这个奶奶身上,希望女孩和妈妈能与奶奶分开住,这对女孩的抑郁可能有帮助。当说出这个建议的时候,女孩妈妈的眼中充满了泪水……

在一个家庭里,如果有个人总喜欢压迫别人来服从自己,那这个家庭就一定会充满压抑和内耗。大人活得神采奕奕,却靠牺牲孩子的自主性和情感需求来满足自己的期望。而孩子的压抑情绪会累积起来,最终可能在各种事情上爆发,人们就会看到一个情绪失控、歇斯底里的孩子。

如果周围压制的力量太强大,不让孩子的情绪得到合理的释放,那孩子就只能将攻击转向自己,于是,孩子可能会感到抑郁。同时,这样的家庭环境,可能对大人晚年的幸福安康也会产生不利影响。

所以,为了大人晚年的幸福,也为了孩子能拥有健康的精神生命,大人应该对自己的言语保持察觉,尽量不要去压制孩子。譬如:"你把这碗饭吃了!""你去玩球吧!别玩这个积木了!"这种指令,看似很轻松的一句话,却会给孩子带来

很多不必要的困扰。关乎个人愿望的事情,应该由孩子自己决定。一个心灵空间受到限制的孩子,可能难以集中精力自主学习,他们时常需要休息和放松。

但是,如果大人说:"我在工作的时候,请不要大声游戏,也不要打断我。"这是孩子必须要服从的,因为这涉及双方的需求和尊重。每个孩子在不妨碍他人的前提下,都可以随心所欲地做自己想做的事情。这是每个想要养育出具有自驱力的孩子所必须要达到的条件。

大人不要对孩子过度批评和施压,因为过度的压力会让孩子屈从,这会消损孩子的心力。孩子要活出自己的前提是有一对能够设定清晰边界的父母。

孩子与大人在人格上是平等的,大人不应该逼迫孩子服从。真正的服从应该是孩子出于自身情况权衡思考后,归于内心的自愿行为。